玄奘

Xuan zang

名人传记丛书

玄奘

Xuan zang

皮波人物国际名人研究中心 编著

国际文化出版公司

·北京·

图书在版编目（CIP）数据

玄奘/皮波人物国际名人研究中心编著.—北京：国际文化
出版公司，2013.3
　（名人传记丛书）
　ISBN 978-7-5125-0457-8

　Ⅰ.①玄…　Ⅱ.①皮…　Ⅲ.①玄奘（602～664）—传记
Ⅳ.①B949.92

中国版本图书馆CIP数据核字（2012）第279374号

名人传记丛书·玄奘

作　　者	皮波人物国际名人研究中心 编著
责任编辑	潘建农
统筹监制	葛宏峰 刘　毅 周 贺
策划编辑	刘露芳
美术编辑	丁鍈煜
出版发行	国际文化出版公司
经　　销	国文润华文化传媒（北京）有限责任公司
印　　刷	三河市嵩川印刷有限公司
开　　本	700毫米×1000毫米　　　16开
	10印张　　　　　　　　　95千字
版　　次	2013年3月第1版
	2020年9月第2次印刷
书　　号	ISBN 978-7-5125-0457-8
定　　价	25.00元

国际文化出版公司
　北京朝阳区东土城路乙9号　　邮编：100013
　总编室：（010）64271551　　传真：（010）64271578
　销售热线：（010）64271187
　传真：（010）64271187-800
　E-mail: icpc@95777.sina.net
　http://www.sinoread.com

目录

目录

目录

皈依佛门

聪慧少年

玄奘雕像

玄奘是中国佛教史上著名的佛教翻译家之一，他出家后曾遍访名僧，还曾到佛教的发源地印度去学习和取经，他的事迹在民间广为流传，要了解他传奇的一生，我们首先从他的家世说起。

玄奘原名陈祎，先祖世居在颍川郡（今河南许昌一带），后来又迁到河南洛州（今河南洛阳一带）。陈氏一族出仕为官的人很多，但并不显赫。在北魏时，玄奘的曾祖父陈钦曾任征东将军，被封为南阳郡开国公。祖父陈康，在北齐时任国子博士，后来担任礼部侍郎，陈氏一族就是在这个时候迁到了河南洛州缑氏镇。玄奘的父亲陈惠长得眉清目秀，一表人才，气质儒雅，风度不凡。陈惠自幼饱读诗书，满腹经纶，只是性情淡泊，不擅钻营，当时的人都把陈惠比做东汉的郭泰。陈惠曾经被举为孝廉，担任过陈留令和江陵令，但他出仕之时恰逢隋炀帝当政，炀帝荒淫无道，国事日非，隋朝已显衰乱之兆。陈惠心灰意冷，萌生了退隐之意，索性辞官回到家乡，过着无忧无虑、自给自足的日子。

陈惠娶了当时洛州长史宋钦之女，隋文帝仁寿二年（公元602年），玄奘出生。宋氏生有三男一女，玄奘是最小的一个。

陈惠辞官时，玄奘还不满三岁。他无官一身轻，可以多抽出时间来教育孩子，他的儒雅气质与温和的态度对孩子们产生了莫大的影响，小玄奘得以打下坚实的学问功底，也形成了良好的个人修养。

玄奘从小就比同年龄的小孩稳重老成，对学问有着热烈的追求，他不像其他的孩子那样热衷于玩耍嬉戏，只喜欢独自一个人躲在房里阅读喜爱的书。

据说玄奘八岁时，父亲为他讲解《孝经》中"曾子避席"的内容，玄奘忽然整襟而起，父亲奇怪地问他什么缘故，他回答说："曾子聆听到老师的教诲就立刻站起来走到席子外面，现在我聆听到父亲的训诲，怎能坐着不动呢？"

陈惠闻言心里很高兴，他断定这个孩子将来必定会有所成就，还兴奋地把这件事告诉了亲朋好友，听到的人也都纷纷夸孩子懂事，向陈惠道贺说："这孩子将来必定会光耀门楣！"

从此以后，陈惠就怀着对玄奘的期许，更加认真地教育他，为他讲授各种经典。而那时的玄奘就表现出一种执着与认真的劲头，他敬重先贤，崇尚古典，对所看书籍有很高的要求，对自己的言行也立下一个标准——非圣哲之风不习。

隋炀帝大业七年（公元 611 年），陈惠去世，玄奘的一生也因此而发生了重大的转折。陈惠辞官后，陈家的家境日益窘困，原本仅靠微薄的祖产维持家计，如今更是难以维持下去。失去父亲的玄奘小小的年纪就要面对残酷的生存问题。

玄奘的二哥陈素早年在离家不远的洛阳出家，法名长捷。他见玄奘聪颖过人、认真好学，是个有慧根、有悟性的人，于是就把玄奘带到了洛阳净土寺。

第二年，玄奘便成为少年行者，开始学习佛教经典，先读《维摩经》和《法华经》。高深精奥的佛典满足了玄奘对知识、对真理和对思考的渴望，让他欢欣雀跃不已，也为他成为名垂青史的高僧、云游四海的智者打下了坚实的基础。

佛缘

在东汉时，佛教刚刚传入中国，人们把僧人视为怪物，官府不准百姓出家，最初仅容许番僧在国内诵经礼佛。三国时代，有僧人到东吴，因为打扮怪异而引起官方的警惕，地方官员紧张兮兮地奏请"有胡人入境，自称沙门，容服非常，事应检查"。那时候佛教僧人只能在各地偷偷地宣讲佛

玄奘故居

法。百姓中偶尔会有一些懂佛礼并虔诚信仰的，都被称做"清信士"，也就是后来所谓的"居士"，与真正的出家人还有很大的区别。到南北朝时，佛教受到统治者的大力推崇，从而兴盛起来。

隋大业八年（公元612年），玄奘十三岁。朝廷派大理寺卿郑善果到洛阳负责剃度僧尼的工作。长捷带着玄奘也报了名。当时，只有经过剃度，才能成为真正的僧人。前来报名剃度的少年行者有数百人，值差的官吏嫌玄奘年龄太小，没有选中他。

玄奘心有不甘，常常跑到剃度场的大门前，用羡慕的眼光注视着场内发生的一切。当时负责这一事务的大理寺卿郑善果无意间发现了这位眉清目秀的俊少年，觉得他的气质与众不同，于是问道："你是哪家的小孩？"

玄奘答称是陈惠的幺儿。

"你站在这里，是不是也想剃度？"

玄奘回答："是的，但因为才疏学浅未被录取。"

"你为什么想出家呢？"

玄奘不假思索地回答："想效法如来佛祖的精神，去弘扬佛法。"

郑善果听了很是赞许，当下就决定让玄奘参加剃度，并语重心长地对其他官员说："研究佛经不算难事，可是要为佛门寻觅可造之才却不容易！这孩子将来一定会成为佛门奇才，受到万人瞩目。遗憾的是我年岁已高，恐怕无法亲眼看到那一天了！"

事实证明，郑善果确实很有眼光，陈祎在他的帮助下正式被列入僧籍，与哥哥长捷一起在净土寺出家当了和尚，法名玄奘。"玄"是幽远的意思；"奘"在山西、陕西一带，有壮大之意。被列入僧籍后，玄奘就可以佛门弟子的身份去听讲座，当时净土寺内有景法师讲授《涅槃经》，另一位严法师讲授《摄大乘论》。玄奘听得很认真，下课以后还废寝忘食地研究。他只要听过一遍讲座，再稍加复习，就可以完全理解并融会贯通，让那些年纪比他大的和尚都非常惊讶，师友无不对其敬爱之至。

乱世游学

隋朝的统治已经摇摇欲坠，而这期间，玄奘一直在东都洛阳研究佛家经典。太原府留守李渊起兵攻入长安，这时候的洛阳也是兵荒马乱，人心惶惶。李渊攻下长安的消息不久就传到了洛阳，玄奘和哥哥商量，说："这里虽然是我们父母祖先居住的地方，但局势演变至此，我们没有理由留在这里坐以待毙"。

　　长捷静静地听着，他知道玄奘必定已经有了打算。果然，玄奘接着说："听说李渊为人正派，心存仁义，天下百姓都把他看成父母一般，为今之计，我们还是去长安吧。"长捷很赞成玄奘的话，就与他一起前往长安。

　　武德元年（公元618年），玄奘和哥哥来到了长安庄严寺。安定下来之后，玄奘发现了一个很严重的问题，当时的长安百废待兴，一切以军事为要，根本就没有人关注其他的事情，整个长安城连一个佛学讲席都没有，他们显然来得不是时候。

　　一直到贞观二年（公元628年），国家才完全统一，之前的几年间，用李世民的话说，就是"货赂公行、纪纲紊乱"，混乱的长安城根本就没有人有心情来听出家人的讲经布道。玄奘兄弟在庄严寺住了一段时间，终于确定了一个适合的去处，这才收拾行囊，离开长安。

　　隋炀帝曾在洛阳设立了四个道场（道场就是供佛或修道之处），召集天下名僧住在里面研究佛法，其中为首的四人就是慧景、智脱、道基、宝暹四位法师，他们为人们讲解经学，解答疑惑，在佛法上的造诣很高。这些得道高僧威望很高，值此天下大乱之时，很多僧侣都跟随四位高僧前往当时较为安宁的四川地区宣扬佛法，一时间成都高僧会聚，成为了全国佛法的中心。

　　玄奘向哥哥建议说："此地无法事，不可再虚度，我们就到四川去吧。"

两人经过商议，最终决定经由长安西南的子午谷向四川进发。在汉中（今陕西南郑）遇到赫赫有名的空、景两位法师，玄奘对他们仰慕已久，所以二人又在汉中停留，向二位高僧讨教佛理，学习经义。十个月后，玄奘兄弟才一同出发，前往目的地成都。

这一次他们作的决定很正确，成都会聚了天下名僧，经常一座道场就聚集了数百名高僧，玄奘兄弟俩先是住在多宝寺，后来又搬到空慧寺，每日听人讲经辩论，受益匪浅，生活也比较安定。过了两年，玄奘的佛学造诣有了很大的提高，已经精通诸部经典。玄奘天资聪慧，此时更是超越众僧，名震吴（江苏）、蜀（四川）、荆楚（两湖），受到大家一致的推崇，而那时的玄奘还未满二十岁。

玄奘的哥哥长捷在佛学方面的造诣也颇负盛名，主讲的《涅槃经》和《摄大乘论》等很受大家的欢迎。他的为人很像父亲陈惠，兴趣广泛，对佛学以外的学问也很有研究，儒道兼通，各界人士对他都十分景仰，益州行台民部（户部的前身）尚书韦云起对他更是赞赏有加。

当时玄奘兄弟二人的声誉已经不亚于晋朝卢山东林寺的慧远、慧持兄弟。

武德三年（公元620年），玄奘在成都受具足戒，由沙弥正式成为受僧职的比丘。

比丘是指出家受具足戒者，属女性者就叫"比丘尼"。由于他们"上从如来乞法以练神，下就俗人乞食以卖身"，故又名乞士。

所谓"具足戒"是受戒的一种。戒法计有五戒、八戒、十戒及具足戒等多种。五戒是不杀生、不偷盗、不邪淫、不妄语、不饮酒，是出家弟子所必须遵守的。八戒是除了五戒以外，另加不着香华及歌舞观听、不食非时食、不坐卧高广大床。十戒是将八戒中的不着香华及歌舞观听分为二戒，还有一戒是不蓄金银宝物。

具足戒，又叫具戒，是相当严格而繁杂的戒律。比丘为二百五十戒，比丘尼为三百四十八戒。因为"境遍法界，莫不圆足"，所以叫具足戒。

受了具足戒的玄奘正式编入僧职，但他的佛学造诣早就相当于高僧级的佛门人物了。玄奘对于自己读到的佛典总是能够透彻理解、融会贯通，甚至很快就感到四川已经无经可读了。

玄奘在四川学习的几年里，天下尚未完全平定，但主要的反唐势力已经差不多被消灭殆尽，有些僧侣开始打算离开四川，返回原籍了。

玄奘感到四川已经没有多少可学习的机会了，于是又生出了回长安的念头，但是哥哥长捷不愿离开，也反对他一个人离开。长捷性格较为保守，而玄奘向往海阔天空，一旦有了目标就绝不向环境妥协，会毫不犹豫地振翅高飞。武德六年（公元 623 年），玄奘带着官发的度牒，悄然离开定慧寺，搭乘以前听过他讲法的荆州籍客商的船前往荆州。

荆州在东晋道安（般若学六大家之一，著名弟子中即有慧远、慧持兄弟二人）以后就成为了佛教重镇，玄奘到达后即前往荆州第一大刹天皇寺挂锡，受到众人欢迎。大家纷纷请求玄奘登坛讲经，就连当地的皇族汉阳王李瓌也慕名而来，引得众多官吏和僧侣都在台下听讲，想要一睹年轻高僧的风采。

这年冬末，玄奘就离开了天皇寺，继续沿江东下寻访高僧，在苏州，玄奘拜见了大德智琰法师，两人互相切磋，成为忘年之交。几个月后，玄奘结束了吴、越等地的游历，北上相州（今河南安阳）向慧休法师学习，在这里的几个月，玄奘对小乘毗昙学进行了深入研究，这对他后来开创法相宗是有益的，慧休对玄奘渊博的学识和超凡的领悟力深感惊异和赞叹。武德七年（公元 624 年），玄奘辞别慧休法师，向赵州进发，驻锡观音院（今柏林禅院），跟随道深法师研习《成实论》。十个月后，玄奘已经悟透了《成实论》，于是开始向长安进发。

当时长安的佛学界有两位著名的高僧人物，一个是以精通《摄大乘论》而闻名的法常法师；另一个是以专研小乘《俱舍论》而出名的道岳法师。玄奘向他们学习，不管是大乘还是小乘，他都下很大的工夫研究，后来到印度也是如此，这也是他能成为一代宗师的原因之一。

玄奘在长安跟随两位高僧学习，对于早已精研过的经典他当然驾轻就熟，对其他未读过的经典，玄奘也表现出了惊人的理解力，用佛家的话说，就是有"慧根"。

玄奘还向大德玄会学习《涅槃经》，仅一遍就深得其旨趣。这些高僧对玄奘赞叹道："你可以称得上是佛门的千里驹，佛学的振兴就全靠你了，可惜我们已经老朽了，恐怕无法亲眼见到那一天了！"

立志西行

玄奘几乎请教了大唐国内的所有高僧大德，研究了各个法师擅长的经典。玄奘仔细比较分析他们的见解，发现他们对某些问题各持己见，有一些观点与典籍有所出入，玄奘大略加以统计，竟发现了一百多条。同时，他深感佛教经典的译本太少，不敷研究之用，有些译本单凭口译，不但文笔拙劣，而且错误非常多。于是玄奘作出了一个重大的决定，他要到佛教的发祥地去向那里的高僧请教自己的疑惑，还要带回中国没有的典籍。

玄奘下定了决心出国西行，几位有同样想法的僧人找到他，与他一起上表申请出国。不过很不巧的是，当时发生"玄武门之变"不久，高祖传位李世民，年号已改成"贞观"，而且国内外的形势均不安定，玉门关有兵士严守，禁止百姓与关外交往，玄奘等一众僧人的申请也被驳回。

没有获得朝廷的批准，其他人陆续都放弃了，只有玄奘仍不死心，再度提出申请，结果还是被驳回。玄奘自知无法获得正式的放行，也就放弃了这个途径，他准备不计一切后果，偷渡出关。这时已经入秋，玄奘在大觉寺中敬礼诸佛，默默向佛教众圣表明了自己的意志，请求众圣保佑他西去平安顺利。当天晚上，玄奘做了一个不可思议的梦，他梦见了须弥山，那传说中的圣山耸立在大海中，山上是各种灿烂耀目的金银宝石，玄奘想爬上山去，无奈周围波涛汹涌，没有船只可渡，他决心跳入水中游泳过去，就在这时，水上突然浮现出一群石莲花，玄奘踩着这些花过去，回头一看却发现，踩过的石莲花都不见了。没过多久，玄奘到达山麓，山峰太过险峻，根本无法攀登，玄奘也不知哪来的勇气，竟然试着往上跳，就在这时，又来了一阵风，玄奘就像长了翅膀似的，顺着风轻快地飞到了山顶。

　　玄奘的西行之志已坚如磐石，他耐心地等待时机的到来。

向圣地出发

惊险出关

据统计，历代西去求法的高僧有两百人左右。自魏晋到隋唐时期，高僧西行求法越来越盛行，梁启超称之为"一千五百年前之留学生"，而玄奘无疑是其中声誉最佳、成就最为突出的。

西行求法的人大多都选择陆路，据梁启超的统计，循陆路者约一百一十人，循海路者约三十四人。这其中的原因主要有以下几点：

第一，陆路在当时较为安全。玉门关以西有很多佛教城邦，沿途寺院极多，食宿都比较方便，各国君臣也很尊敬僧侣，不会有政治阻力。

第二，西域处在中国与印度两大文明之间，是参学的好场所，有很多僧侣没有走到印度，最终就在西域就地学习，我国第一个登坛受戒的僧人朱士行就是一个先例。

第三，有人觉得沙漠危险，但其实沙漠只是很小的一段路程，自汉朝通西域以来，中原和西域的往来已经长达几百年，这是很大的鼓励。

第四，当时的海上交通还不发达，唐朝中期以前，海路甚为危险。

第五，僧侣们可以在西域练习梵文，游学西域相当于是留学生的语言训练。

古时的西域，大致范围从今日的新疆起，西至中亚细亚，南至印度等地。所谓的西域各国，在玄奘所处的时代有不少是属城邦形态的，而且特别值得一提的是，即使是隶属于大国的小国也被称为"国"。

汉朝以来，大体有南、北两条通道通往印度，南道是由敦煌越沙漠至古鄯善国故地，然后沿阿尔金山到于阗，再转道西北至莎车。从巴达克山（阿富汗西北境，与新疆接壤）南下翻越大雪山（兴都库什山），就可以进入克什米尔地区了。

北道也是从敦煌出发，向西北至伊吾（今哈密），一路经过吐鲁番、焉耆、龟兹（今库车）和疏勒，再绕过葱岭向西南行，最终进入克什米尔。大体言之，两条路都是沿着天山山脉之南的大戈壁沙漠的边缘，只不过南道是沿南缘；北道是其北缘。两道最终都从帕米尔高原向南进入克什米尔。其中北道的龟兹、南道的于阗，以及克什米尔，自汉以来就是中国通印度的三大交通重镇。

贞观元年（公元 627 年）八月，长安一带关东、河南及陇右（陇山以西）地区都发生了严重的霜害，庄稼颗粒无收，各地百姓都遭遇了饥荒，甚至有卖儿卖女的情况发生，朝廷最后无计可施，只得下诏"准许饥民随丰四出"，就是准许饥民到各处自由觅食。

这对于玄奘来说是个好机会，当时有一位来自秦州（今甘肃天水）的僧人孝达，到长安研究《涅槃经》，正好准备返回秦州，玄奘就和他一起上路，共同走了一程。到了秦州后，玄奘在那里住了一个晚上，又遇到了要去兰州的客商，就和他们结伴同行了。在兰州，玄奘又恰巧认识了一个凉州（今甘肃武威）人，他要送官马去兰州，于是同意和玄奘同行。

凉州是河西走廊的第一个重镇，是丝绸之路上的商业集散地，各族商人往来穿梭，很是热闹繁华。与此同时，凉州也是防备吐蕃、回纥的军事要地，朝廷在此设有都督府。

玄奘应僧俗两界的要求，在那里住了一个多月，为他们讲经解惑。这些讲座无形中为玄奘的壮举作了有力的宣传，来听他讲座的都是来来往往流动性很大的人，他们把玄奘西去取经的计划带回故乡或其他地方。于是，西域诸国的国王都已经准备好了迎接玄奘，等待着他的到来。

玄奘也会接受信者们施舍的财物，但只留下自己需要的一部分，其余则转施给当地的寺庙。

然而玄奘想要偷渡出境的消息很快就传到了凉州都督李大亮的耳朵里。他传讯玄奘，问他为何想偷渡出关，玄奘如实回答，是为了到西方求法取经，但李大亮并不打算通融。玄奘曾经两度申请出关，都被驳回，但他仍然坚持出关，李大亮则勒令他立刻回京。

幸好，在凉州有一位很有名望的高僧慧威法师，他对玄奘的求法心志极为钦佩，想帮他出关。当时李大亮没有下令逮捕玄奘，慧威就暗中指派了两位弟子慧琳和道整，偷偷地护送玄奘，夹在饥民队伍中，逃出了凉州城。

在离开凉州的途中，三人尽量夜间赶路。经过张掖，在这年的冬天来到瓜州，这里是古月氏族的领地，汉朝时为敦煌郡，在今甘肃敦煌市东，是河西走廊最靠近西域的城镇。

瓜州之北有瓠芦河，河水很深，水流湍急，又无船可渡，唯一的渡口在上游，附近建有一个鼎鼎有名的关卡，即与阳关同为通西域要道的玉门关。

关外西北设有五座烽火台，上面筑有高土台，一旦发现敌人或紧急状况时，为了示警，士兵白天燃烧狼（粪）烟，晚上则举烽火为号。每"烽"之间相距一百里，过了烽火台就是大沙漠，只要大风一起，沙漠里就沙尘满天，人若从中穿过，有被埋没的危险。白天，沙漠热风如火，晚上，又寒风如刀，可以把人活活冻死。

瓜州刺史名叫独孤达，这是胡人的姓氏，他们接受佛教思想较早，因此独孤达也是个笃信佛教的人。玄奘受到了独孤达的热情款待。

玄奘在此打听了出玉门关的种种情况，了解了自己即将面临的一些危险，不由得心头蒙上一层愁云惨雾。更糟糕的是，从长安一路与他同受苦难的马也在此地死去。玄奘心中为旅途的不顺利深感忧心。

缉拿玄奘的通报已经送达瓜州，不过因为承办的州吏李昌也是一个虔诚的佛教徒，通报中说要捉拿僧侣已引起了他的特别注意，他很快就联想到一个多月前来到这里的僧人可能就是玄奘。

李昌思虑再三，决定暂不上报，把通报公文藏在了自己的怀里，亲自到玄奘寄宿的寺庙中去拜访他。李昌拿出了通缉玄奘的公文，说："请恕我冒昧，请问您是不是通报中所说的僧人？"

玄奘心中一惊，答不出话来。李昌看了感到于心不忍，说："您尽管说实话，没关系，如果您真是玄奘法师，我不会逮捕您，我想要帮助您！"

玄奘闻言便把如何誓愿西去求法、如何混入饥民潮中来到瓜州，原原本本地告诉了李昌。出乎玄奘的意料，李昌对他去印度取经的计划非常赞赏，为了表示他支持玄奘的决心和诚意，李昌当场就撕毁了通缉令，这对一个官员来说是违法的。李昌说："大师您应该赶快上路，免得又有什么状况发生，那就非常危险了，快走吧！"

当时凉州慧威法师派来护送玄奘的两位僧侣中，道整已在几天前离开他去了敦煌，慧琳还陪着他。玄奘觉得自己偷渡出关实属犯禁，行动有诸多不便，又怕慧琳无法走过万里沙漠，所以索性让他回去，为了方便赶路玄奘赶紧买了一匹马。

一切准备停当，只缺一个引路人，在一望无际的沙漠中，没有引路人是一件很危险的事。但是玄奘又不知道怎样去找适当的人选，无计可施之下，他只好跑到所投宿寺中的佛像前祷告，请求庇佑。

在祷告的时候，玄奘发现身旁有位胡人也在那儿参拜，但却频频往自己这里看。没过多久两人就攀谈起来，胡人高兴地说："我姓石，名叫槃陀，想请大师为我受戒。"

玄奘立即为他受了五戒，五戒是在家修行的佛弟子应遵守的戒条。胡人很兴奋地回家，不久又带了饼和水回来献给玄奘。玄奘看这个胡人长得相当强壮，为人谦恭有礼，给他留下了很好的印象，他心想，会不会这就是菩萨的安排？一想到此，玄奘就把自己的计划和志愿告诉石槃陀，请他当引路人。石槃陀很爽快地答应下来，不过只答应护送玄奘通过沙漠，剩下的路他自己也不熟悉。于是玄奘为石槃陀买了一匹马及一些衣物，两人约好次日黄昏在城外草原会合。

第二天，玄奘充满期待地出了城，在约定的地点等候，石槃陀依约而来，不过让玄奘感到意外的是，他同时还带来了一位骑着瘦赤马的老人。

石槃陀告诉玄奘，这位老人三十多次往返北方的伊吾国，经验非常丰富。老人对玄奘说："去西域的路又远又凶险，很多人都是结伴而行，像你这样单枪匹马恐怕走不出沙漠，怎么能拿自己的生命开玩笑啊！"

这番话并未动摇玄奘的意志，他说："不论多大的危险都不会改变我的心意。"

老人很感动，点点头说："请法师骑我这匹马吧，它经常去伊吾国，是个识途的老马。"

看老人郑重推荐那匹看来毫不起眼的瘦赤马，玄奘不由对它打量了半天，却实在看不出它有什么特别之处，但玄奘随即想起了一件事。

从长安出发之前，玄奘想知道西去求法是否可行，就请一位算命先生何弘达为他占卜，看看吉凶如何，何弘达说："你将会到达目的地，不过你要骑一匹瘦弱的老赤马，这匹马配着油漆马鞍。总之，你要靠这匹马才能顺利西行。"看着眼前的老马，玄奘想起来这正是何弘达所说的马。

于是玄奘把在城里买的马与老人交换，老人欣然进城。玄奘和石磐陀两人就向玉门关出发。

由于他们不能正式出关，玄奘打算涉过只有一丈多宽的河面，再经过对岸茂密的树林出去。石磐陀砍下一些树枝，然后架在两岸间，再盖上草及沙石，驱马过河，两人就在林中休息过夜。

当晚玄奘差点发生意外，半夜，他莫名其妙的惊醒过来，竟发现石磐陀提着剑，一步步向他走来，玄奘在黑暗中不敢妄动，只静静地看着石磐陀的步伐，等到两人距离约10步时，玄奘发现石磐陀似乎有点犹豫，索性坐了起来，不停诵念佛经，石磐陀于是退回原来的位置睡觉。

第二天清晨，石磐陀就向玄奘表明了自己的态度，他对于前往五烽没有信心，担心自己会被驻军射杀。石磐陀力劝玄奘回头，玄奘执意不肯，石槃陀说："我不能再走了，我有妻儿家人，触犯国法的事我不敢做。"

玄奘答应放他离去，但石槃陀仍不放心，说："法师您很可能到不了伊吾国，万一您被捕，我岂不也被牵连？"玄奘这才明白石槃陀昨夜的举动是何原因，他坚决地向石槃陀保证："即使是粉身碎骨，我也绝不会提到你一个字。"

石槃陀放下心来，骑着玄奘送他的马开始往回走。这样一来，玄奘又成了孤身一人，他回头看看玉门关，毫不迟疑地走进了漫无边际的大沙漠。前途难以预卜，只有那匹老瘦的马能给玄奘一点鼓励和慰藉。

孤身闯沙漠

玄奘简直像飞蛾扑火般地进入一个全然不同的世界，支撑着他的，只是虔诚而坚定的信仰。一堆堆白骨和驼马的粪便是一路上仅有的指标，这些东西为这趟行程增添了几分恐怖的气氛。大沙漠给玄奘的第一感受是有"妖魔"作怪，仿佛有成群的军队忽行忽止，走近时又反而不见了。

事实上玄奘所见的不过是沙漠中常见的"海市蜃楼"。古人总是把它视为妖魔，今天的人们已经知道，不论是海上还是沙漠中的海市蜃楼，全都是因光线折射而产生的影像倒立现象。在海上是因为海上空气的冷热不均，下层冷，上层热，即下密上疏；在沙漠中也同样如此，是因为地面空气下层热，上层冷，即下疏上密。当空气稳静而导致空气的疏密差别十分明显时就会发生那种幻相。

玄奘终于走到了第一个烽火台，他白天隐伏在低洼处，入夜才开始找水。找到急需的泉水后，他立刻饮水解渴，然后又清洗了一番，正准备盛些水作储备时，突然飞来了两支箭，其中一支差点射中他。玄奘立刻大声叫喊，说自己是京城来的僧人，不是匪徒，射箭的两名兵士立刻将他带去见指挥官——校尉王祥。

王祥确认了玄奘的身份之后，就想把玄奘送回敦煌，他向玄奘大力推荐敦煌的某某法师，连声夸赞他的佛法修为是如何的高深，用"取经何必到西天，敦煌自有传授人"来劝玄奘回去。

玄奘不想前功尽弃，也顾不得什么谦虚为怀，据实为自己作了一番剖白，他已经请教了国内的所有大师，只是如今国内佛学原著不够，非西去取经不可。玄奘还声称不管受到什么样的处罚都决不回头。

王祥被玄奘单人匹马、不畏艰险的求法虔心感动，于是答应帮助玄奘，他第二天就命人备妥水粮，并亲自给玄奘指出避开第二、三烽火台直达第四烽火台的捷径，临行前还叮嘱玄奘，第四烽火台的指挥官与他是同宗，只要对指挥官王伯陇说王祥曾护送过玄奘，就应该不会有人为难玄奘了。

有了这些人的帮助，玄奘当天夜里顺利到达第四烽火台，王伯陇好意提醒玄奘，绝不要接近第五烽火台，那里的驻军个个都粗暴野蛮，不讲道理。

离开第四烽火台，前方就是宽达800余里的莫贺延碛，玄奘进入了一个可怕的流沙世界。他要一步步跨过这个五谷不生、上无飞鸟、下无走兽、没有水草的地方。而且，沙会像水一般地移动，所以这片沙漠又叫"沙河"。

王伯陇临行时告诉玄奘，约一百里外，有一个唯一可以补充水的地方叫"野马泉"。在这个空旷而死寂的天地间，玄奘骑着一匹又老又瘦的马，心中只有不断地求佛祖保佑了。

早在游学四川时，玄奘曾经施舍衣物给一位衣衫褴褛的病人。那人出于感激，就送他一部《般若心经》。

《般若心经》给了玄奘战胜妖魔和困难的勇气和信心，他一步步地往前走，绝不会懦弱地回头。走了一百多里路，玄奘根本就没找到王伯陇所说的野马泉，还发生了一件可怕的事，他竟然迷了路。因为水袋太重，一时失手，玄奘竟把一皮囊的水倾倒在沙漠中，这种情况对于玄奘来说无疑是雪上加霜。

玄奘曾经立誓不到印度决不东归一步，于是最后也打消了回头到第四烽求援的念头，只有不断地口念观世音菩萨保佑，继续向伊吾国前进。

白天狂风卷沙，夜间磷火围绕，赶了五天四夜的路，极度的疲劳和口渴让玄奘再也无法支撑，倒在地上气息奄

奄，仿佛看到了死亡的逼近，玄奘心中仍默念菩萨的名号，好像这样能给他坚持下去的勇气。瘦弱的老赤马蜷曲在主人身旁，也衰弱得不停地呻吟喘气。

玄奘雕像

到了第五夜，一阵凉风使玄奘精神为之一振，或许是大慈大悲的观世音终于被玄奘的诚意打动，玄奘感觉元气恢复了不少，身旁的老赤马也一跃而起。玄奘若有所悟，立刻坐上马背前进。

又前行了十多里路，老赤马突然不听使唤，执意要往另外一个方向走，玄奘怎么拉也拉不回来，最后玄奘被这匹老马拉到了一片绿洲前面，那里有清澈的泉水和绿油油的青草。玄奘赶紧下马痛饮一番，然后就在水池旁酣睡了一天一夜。老赤马也在饱餐一顿之后呼呼入睡。老赤马最终救了玄奘一命。

慷慨的高昌王

又经过了两天艰难的旅程，玄奘牵马来到了伊吾国国境。伊吾在汉朝的时候叫"伊吾卢"，曾经被匈奴人掌控，东汉时成为汉朝的属国，几经波折后，隋朝又在汉故城之东筑新城，号"新伊吾"。当玄奘来到这里时，伊吾还是一个小国，在今新疆哈密一带。

　　玄奘就近投宿在一所寺庙中，除了玄奘之外，那里还有三个来自中原的和尚，遇到家乡人，大家都很高兴，当他们听说来了一位唐朝高僧时，其中一位老和尚兴奋得连袈裟都来不及穿，光着脚跑出来见玄奘，老和尚激动地流下了热泪，说："我做梦都不敢想，竟然还能看到故乡的人……"玄奘和他拥抱在一起，同声痛哭。

　　伊吾王将玄奘迎入宫中盛情款待。那时伊吾向西边的高昌国称臣，高昌国的使臣也正在伊吾访问，使臣回国后将玄奘到达西域的消息禀报给高昌国王麴文泰。高昌在汉宣帝时被分为"车师前部"和"车师后部"，皆属西域都护。晋朝在其地置郡，北魏时始为国；"前部"位于现在的新疆吐鲁番地区。

　　高昌国王麴文泰曾在隋朝时到过长安和洛阳，他是一个虔诚又热情的佛教徒。

　　当麴文泰听说来自长安要去西天取经的法师玄奘已经到来时，马上就派人到伊吾迎接，出动了骏马数十匹，加上华丽的仪仗。盛情难却，玄奘只好改变了原有的路线，去原来并不在行程计划中的高昌一趟。高昌国位于吐鲁番的盆地中，这里是一个很特殊的地方，夏季气温高达四十度以上，素有"火州"之称，盛产棉花、葡萄及哈密瓜等瓜果，明朝以后才开始叫"吐鲁番"。

　　玄奘花了六天的时间赶到高昌，到达时已是傍晚。热情的高昌王麴文泰亲自前来迎接，率领侍臣们手持蜡烛在宫门外等候，进入了内殿后，王后率领数十名宫女向玄奘行礼。魏文泰向玄奘说："弟子对法师仰慕已久，估计法师今晚会到，所以就命大家彻夜诵经恭候法师的到来。"

高昌王热诚款待了玄奘十多天，他每天一大早就来问安；还命去过中原的法师前来拜见玄奘，让全国的高僧都来向玄奘请教佛法，高昌王这么用心地招待玄奘，无非是想留住他，希望他在高昌定居，终身接受供养。

玄奘既然下定决心西行，当然不肯答应高昌王的要求，最后引得高昌王恼羞成怒，威胁玄奘说："你现在人在我手里，我可以把你扣留，或是把你送回长安，你还是好好考虑考虑！"

玄奘毫不犹豫地说："我此去是为了求法取经，我决不放弃理想和抱负，您要是破坏了我的计划，那我就宁可把尸骨留下。"

听了玄奘的话，魏文泰登时被震慑得说不出话来。强留不下玄奘，他又开始低声下气，亲自为玄奘盛饭端菜，最后玄奘被弄得没有办法，索性静坐绝食。不管高昌王如何好言相劝，他就是滴水不喝、粒米不进，誓死也不妥协。

玄奘绝食到了第四天，高昌王眼看他快要支撑不住了，心中很是焦急。高昌王很不安，情急之下，竟向着玄奘跪了下去，以首触地表示谢罪，连声恳求玄奘吃饭，并保证不再阻止他西行，只是要求玄奘学成归国后能在高昌停留三年，以接受他的供养。

玄奘鉴于高昌王的一片诚意，只好答应了他的请求，并在太后面前与他结为兄弟。之后玄奘又在高昌停留了一个月，应高昌王的要求，为他讲解《仁王般若经》。

开坛讲经的场面很隆重，国王、大臣通通前来听讲，每次麴文泰都手捧香炉迎接前去授课的玄奘，每当玄奘步上台时，国王就跪在地上，弓着背，让玄奘踩着他的背上台。

玄奘用了一个月的时间，终于讲完了《仁王般若经》，总算可以重新赶路了。高昌王为玄奘准备了三套新袈裟，还有很多穿戴的行头，如大衣、手套、头巾、皮靴及棉袜等；还送玄奘黄金百两、银锭数万作为路费，当然还有高昌盛产的绫绢五百匹，这些东西差不多可以供玄奘往返二十年所用。除此之外，玄奘又多了三十匹马，高昌王又指派了挑夫二十五人与玄奘同行。

尽管如此，高昌王还是不放心，又指派了四名青年和尚护送玄奘，还要侍御史欢信随同玄奘到西突厥可汗的行帐，把玄奘推荐给可汗。高昌王还给沿途的二十四个国家的国王写信，随每封信一同送出的，还有绫绢一匹。为了能够让突厥可汗友好地接待玄奘，高昌王还在给可汗的信中称玄奘为"弟"。为了玄奘能够顺利西行，高昌王可谓用心良苦，他的一番行动也确实对玄奘的西行起了重大的作用。

能够以"高昌王之弟"的名义出访各国，对玄奘来说非常重要。前面说过，历代僧侣西去求法，走陆路的比走海路的多，主要就是因为唐中叶以前陆路比较安全。当时沿途国家的国君均信奉佛教，僧侣们不会遇到太多的阻力，还可以投宿于沿途的佛寺。而当时中原刚刚平定，唐朝的统治还在巩固当中，暂时没有多余的精力去顾及西域，所以当时的西域诸小国都被西突厥控制。西突厥的势力范围大概是东起新疆蒙古间的阿尔泰山，西至俄境窝瓦河，北自新疆塔城，南至信度河，由众多的散乱部落集合为一大国。游牧政权的统治一般不太稳定，只要求那些小国纳贡称臣，实际上并不干涉他们的内政及宗教信仰。但当时的西突厥可汗并不信奉佛教，他信奉传自波斯的祆教，也叫琐罗亚斯德（传为创教者）教。在这种宗教体系中，人们相信世间有阴阳二神，阳神为善，阴神为恶，以火代表阳神而加以崇拜，所以又称拜火教。虽然突厥可汗信奉拜火教，却并不强求境内小国也跟随，对他们的佛教信仰还是相当尊重的。

如此一来，玄奘不仅可以在寺庙、佛教王国的宫殿中获得照应，还可以获得政治上的保护。玄奘感动地上谢表说："假如我能完成取经的心愿，那一切都是您的赐予！"玄奘的西行之路充满了艰险，而高昌王对玄奘的协助是最令他难忘的。

临走那天，很多人都很舍不得玄奘，高昌王命随同送行的王后和百姓先回城去，自己和数位高僧又护送了数十里才最终告别，玄奘耳边仍响着高昌王在看完谢表后所说的话："法师与我业已结为兄弟，就不要再分彼此，高昌国的一切都归您我共有，您就别再说谢了！"玄奘很感动，心中牢牢谨记对高昌王的承诺。

开明的突厥可汗

高昌向西是阿耆尼国,汉朝的班超曾来过此地,晋朝时,阿耆尼国灭掉西边的龟兹而称霸。阿耆尼国东西六百余里,南北四百余里,与高昌素来不和,在边界处驻了不少兵马,欢信交验了高昌关文,说明事由,守关将才放玄奘一行入城。在道南有一沙崖,高约数丈。崖腰有一泉涌出,就是著名的阿父师泉。阿父师泉为过往商旅解除危难,随人数的多少,泉水可大可小,没有人时,泉水就似溢非溢。玄奘带着弟子虔诚地在泉边朝它礼拜。在泉边住宿一夜后,他们绕道银山,在此遭遇了山贼,多亏欢信等人的保护才免遭洗劫。大约走了七百余里,他们便进入屈支国(今新疆库车)。屈支在古籍中又被叫做"龟兹"。

这是通往印度的必经之路,这里的佛教对我国影响很大。著名的高僧鸠摩罗什就是在这里出生的。他的父亲是印度人,后来弃相位而出家,来到屈支后与屈支公主结婚,生下了鸠摩罗什。鸠摩罗什晚年到关中,后秦国君姚兴(公元394—416年在位)以国师之礼待他。龟兹盛行的是小乘佛教,这里算是鸠摩罗什的故乡。玄奘在此受到相当热烈的欢迎,屈支王举行了隆重的欢迎仪式,包括演奏闻名于世的乐曲，献花和葡萄酒等。

王城西北有阿奢理儿寺，寺里的头号高僧名叫木叉毱多。此人曾到印度游学二十多年，对印度声明学很有研究（声明学就是语言文字学），见到了玄奘，难免有些自傲起来："我们这里《杂心》《俱舍》《毗婆》等经论一应俱全，足够你学习的了，何必冒险到印度去呢？"

玄奘马上问道："此地有《瑜伽师地论》吗？"

木叉毱多有些放肆地说："一个真正的佛门弟子绝不会去学那种东西的！"玄奘刚开始还很尊敬这位僧人，可是听他这么一说，心中顿时很不悦，反驳道："我国不缺乏《婆沙》《俱舍》方面的经典，只因它们理疏言浅，所以我才要西去学习《瑜伽师地论》，您竟说这部慈氏菩萨（弥勒）讲的论典是邪书，难道不怕被打入地狱？"

木叉毱多不服，指责玄奘根本不懂《婆沙》和《俱舍》，玄奘问他是否已懂，木叉毱多扬言自己已经完全理解。玄奘随便举《俱舍》里的一段考他，木叉毱多一开始就屡屡答错，最终这位屈支第一高僧在玄奘的追问下面红耳赤，无言可对，但他还不服输，要和玄奘讨论其他经典。玄奘就随便举另一篇再问，木叉毱多还是说不明白，还狡辩说《俱舍》里面没有那句话，这时屈支王的叔叔智月在旁看不下去了，命人将《俱舍》取出对读，木叉毱多羞愧得无地自容，只好说："年纪大了，忘了！"

玄奘不想跟这么一个老僧人多费唇舌，只当他是个笑话，打算不多作停留，尽快赶路，不料碰上凌山雪崩，不得不在此停留了两个多月。玄奘趁此机会游览了一下屈支，与屈支高僧讨论佛理，并向木叉毱多学习声明学，从他那更详细地了解了关于印度的知识。从那以后，木叉毱多见到玄奘谦虚多了，他在背后盛赞玄奘，说像玄奘这种人才，即使到印度恐怕也不多见。

玄奘离开屈支后，经跋禄迦国到凌山。攀登凌山对于玄奘来说可谓是一件壮举，山上的积雪常年不化，千百万年堆下来的冰，就像与九天相连的冰河，往下看是寒雾笼罩的无底深渊。他们把冰块当床睡，七天七夜下来，同伴冻死了好几人，牛马死得更多。

越过山区就是今天的中亚，行四百余里到大清池，这里与凌山正好相反，终年不冻结，被称为"热海"。玄奘形容这湖水"色带青黑，味兼咸苦"，又说"鳞鱼杂处，灵怪间起"，路过这里的人都来此地祈福，为自己祈求平安，虽然湖中水族众多，却没有人敢捕捉。玄奘沿湖的北面而行，终于来到了西突厥可汗所在的素叶城（又称碎叶城）。可汗身穿绿色的绸袍，正要出去打猎，随侍的高官有两百多人，背后还跟着全副武装的士兵，士兵们骑着马和骆驼整齐划一地排列着，显得军纪严明，军容极为壮观。

可汗要玄奘留下等候三天，三天后，突厥可汗如期回来，宣布要在帐殿里接见玄奘，并亲自出帐迎接。

由于宗教信仰的缘故，突厥人崇拜火，又因为木能燃烧，所以突厥人就认为木内有火，所以也很尊重木头。他们从不使用木椅，习惯席地而坐。但可汗特地准备了一把铁制的椅子，上面铺以毡垫以供玄奘入座。当时被可汗接见的人，除了玄奘之外，还有大唐和随玄奘而来的高昌使者。可汗为了迎接玄奘而摆设酒宴，为玄奘献上葡萄汁，奏胡乐，在给众人上酒菜的同时还另外为玄奘准备素食，当中就有在中原很罕见的石蜜（"……实乃甘蔗汁而曝之谓之石蜜。"——《凉州异物志》）。

热闹的盛宴结束后，可汗请玄奘为他讲佛法。玄奘的讲解引起了可汗的很大兴趣，他劝玄奘不要去印度，说印度天气炎热，那里的人长得黑丑，还没礼貌。这类说辞玄奘早已听了很多遍了，他自有一番道理来反驳，可汗看他谈吐不凡，意志坚定，又是高昌王推荐而来的，就决定给他必要的支援。他安排了一位曾住在长安的青年担任玄奘的翻译，这个青年精通汉语和西域多国语言。可汗还写信给其所属西域各国的国王，也送了玄奘袈裟一套，绢五十匹。最后突厥可汗还亲率群臣送了玄奘十多里路，嘱咐那位翻译官务必护送玄奘到迦毕试国，因为那里是西突厥势力范围的最南端。西突厥可汗的支持对玄奘而言，无异于是一袭护身罩，也是一剂强心针。当时是贞观初年，经历了战乱的大唐还在休养生息，西突厥可汗的庇护就显得尤为重要了！

离开素叶城，向西行数里就到达了屏聿，即千泉，位于吉尔吉斯山脉北麓。这里气候宜人，是西突厥可汗的避暑之地，有很多水池分布其中，随处可见各种奇花异草。屏聿以西约一百四十五里就是咀逻私城。

这个城很小，有西域诸国的商人在此杂居。往南十余里，有一个三百余户的小城，叫做小孤城。居民都是被掠来的汉人，见到从故乡而来的玄奘，他们像见到亲人一样热情。再往西南行四百余里，是恭御城，这里土壤肥沃，再往东四十五里就到了笯赤建国。

继续向西前行几百里，玄奘一行来到飒秣建国，这里又叫康国。飒秣建国的居民也不信佛教，但与西突厥不同的是，他们对待异教徒的方法就缺乏了一些包容，他们会用所谓的圣火把异教徒赶跑。城内的两座佛寺已经废弃了，僧侣也不能在那里停留。起初，那里的国王对玄奘的态度极为傲慢，但碍于西突厥可汗的情面，又不敢怠慢了玄奘。玄奘细心地为他讲解佛法，使这位国王最终对佛教和玄奘都产生了好感。

一天，与玄奘同行的两位年轻和尚在不知情的情况下进入佛寺礼拜，引起了很多人的愤怒，群众立即手持火把包围了这两个年轻僧人，导致两个年轻的僧人险些遇难。国王知道后大发雷霆，欲将暴徒处死，但玄奘却为他们求情，最后国王才放了那些暴徒。这件事使城内的祆教徒对玄奘另眼相看，并因此而有人要求皈依佛门。玄奘把他们送进荒废的佛寺中，那里终于又恢复了生机。

离开飒秣建国，玄奘又经过好几个国家，依次为何国、东安国、中安国、西安国、火寻、疏勒，然后出铁门，再往南渡河后到达活国，"活"有"要塞"的意思，位于今中亚与阿富汗之间。这里的首领是高昌王的妹夫，统叶护可汗的儿子呾度。

玄奘带着高昌王的书信去见呾度，不料正好赶上一场家庭悲剧。高昌王的妹妹去世，呾度又娶了一位年轻貌美的王妃，后来这个王妃与呾度的长子特勒串通起来谋害了呾度，特勒最后自立为王，同谋的王妃又成为了新王的王妃。

玄奘乃一介出家之人，而且身负重任，不方便为这些俗事表明立场，却仍然为这事耽搁了一个多月，他要等政变平息，活国才能为他提供引路人及驿马，这些是他继续前行的保证。当玄奘在适当时机向新王提出支援的请求时，新王向他推荐其属国——缚喝国。

参拜圣迹

缚喝国是个城邦国家，佛陀圣迹极多号称“小王舍城”，位于现在阿富汗的中北部巴尔赫省，从那里往南走就可以到印度。当年亚历山大死后，麾下的希腊将领建立的巴克特里帝国的首都就是这里，后来西域的大月氏于汉文帝时西迁，他们的新根据地也是这里。然而玄奘来时，这里已经没有了曾经的繁华，只是西突厥控制下的一个不显眼的小国。那里盛行小乘佛教，有佛寺一百多座，僧侣三千余名。

城外西南有一座新建寺院，被称为“纳缚伽蓝”，“纳缚”是新的意思；“伽蓝”为梵语僧伽蓝摩的略称，义译为“众园"，就是僧众所住之园林。

　　玄奘暂住的这所伽蓝内收藏有一个佛澡罐和一枚长一寸宽八九分的佛齿，还有佛用过的迦奢草做的扫帚，长三尺多，柄上饰有宝石。城北有窣堵波塔，数百座宝塔林立，塔基相连成片，传说释迦初成道时，曾接受两位长者的炒大麦粉和蜂蜜，释迦为他们讲五戒十善，将指甲和头发授给他们，两位长者就特意建塔供奉它们。

　　伽蓝内有印度磔迦国的三藏慧性、法爱、法性三位法师，他们都属小乘佛教。所谓三藏，是指经、律、论三藏。佛的教"法"叫做经，佛的教"诫"叫做律，佛弟子学者研习经、律而有所著述就叫做"论"，也就是定学、戒学、慧学。因为此三者"包藏"一切法义，所以叫三藏。通三藏、达三学的人被称之为"三藏"。

　　三位三藏法师的声望甚高，但是和玄奘讨论起小乘佛典，他们都自叹不如。玄奘和三位大师成为了好朋友，慧性还陪同玄奘离开缚喝国继续南行，进入大雪山（今兴都库什山）。那里积雪数丈，云雪相连，景色颇为美丽壮观。一行人最终来到了山中的梵衍那国，此国东西二千余里，南北三百余里，是名副其实的山地之国。

　　在梵衍那国，两位精通法相的高僧陪同玄奘到各地巡礼，其中有一些佛像给玄奘留下了深刻的印象，如王城东北山上高约十五丈的站立石佛，寺院东边高约十丈的铜铸佛立像，以及伽蓝内长约千尺的佛涅槃卧像。

数日后，玄奘一行又来到了最南边的迦毕试国。这是个国力雄厚的国家，属国有十多个，寺院百座，僧侣约六千人，颇为盛行大乘佛教，又因为这里靠近印度，街上有很多婆罗门教徒。

　　玄奘的到来引起了不小的骚动，各寺院争相将他接到自己的寺内，其中有一个位于城东的小乘寺庙沙落迦寺引起了玄奘的注意，这所寺庙的僧侣说："我们沙落迦寺是由汉天子出钱建造的，因为以前有一位中国王子在迦毕试做人质，法师既然来自中国，就应该住在我们这里。"后来玄奘弄明白了，他所说的汉天子并不是真正的汉朝皇帝，只是西域某国的国王，由于容貌和服饰都很像汉人，所以一直误传。

　　这期间，玄奘做了一件让沙落迦寺所有的僧人都佩服不已的事情。原来是传说那位做人质的王子有一大批财宝被埋藏在寺里的一座大神像的右脚下，附近还刻着"伽蓝朽坏，取以修治"的字样。但长久以来，从未有人能成功挖掘出这些宝藏，每次挖掘的人都被一些奇异的景象所吓退，要么就是突然发生地震，要么就是神像顶上的鹦鹉像展翅惊叫等。僧人觉得既然玄奘与那位王子来自同一国度，寺中僧侣们就请他试试。

　　玄奘在神像前焚香祷告，说道："这地下的财宝原是王子为修理寺庙而准备的，现在寺庙已经需要重新修整一番了，请容许我亲自指挥挖掘并清点移交，一切都将遵照殿下的意思使用，愿殿下神灵见谅。"祷告一番后，玄奘就开始命人挖掘，最终顺利地在地下七八尺处掘出一个大铜器，里面装有数百斤黄金和数十颗珠宝，寺庙里的人都非常欢喜，对玄奘感激不已。

僧人坐夏的时候到了，玄奘就在寺里坐夏安居。所谓"坐夏"，又叫"安居"或"坐腊"，为期三个月，其间僧人禁止外出，潜心坐禅修学。坐夏分前三月及后三月两种，前三月是指阴历五月十六日至八月十五日，后三月则为阴历六月十六日至九月十五日。根据元人费著所撰的《岁华纪丽谱》中的注释记载，之所以有坐夏的制度，是因为这段时间是各种生物生长繁殖的季节，僧人在外的话可能会伤了草木虫类，所以规定安居九十天，不准外出行动。但据说当初在印度这种行为又叫"雨安居"，是因为雨季来临的关系才减少外出。至于"坐腊"这个称呼的由来，则是因为腊即指岁末，而比丘在受具足戒之后，每年坐夏结束就是他们的岁末。所以比丘除了从出生起算年龄外，也计算他们的戒龄。

坐夏期过后，缚喝国的慧性法师就与玄奘告别，返回了缚喝国。玄奘在迦毕试的几个月中领悟到了很多东西，在与当地的几位高僧一同讨论佛法的过程中，他发现他们各有所长，但通常只对某部经论有过深入的研究。唯有玄奘通晓大、小乘各种经论，对各种问题都能够融会贯通，很令他们敬佩。迦毕试王曾为玄奘举行法会，玄奘表现出了让人惊叹的大师实力，令国王很是欣慰，国王还送给了玄奘棉布五匹，随行人员也都得到了赏赐。

佛的国度

佛教衰微的印度

印度是一个具有悠久历史的文化古国。印度半岛原先的居民是皮肤黝黑、鼻梁塌陷的土著达罗毗荼人，与拉丁、希腊、日耳曼、斯拉夫等同为印欧语系的雅利安人在数千年前或更早以前来到这里后，与当地人发生冲突，当地的居民就渐渐被雅利安人从北部逼退到南部，后来玄奘在游南印度时曾经看到很多达罗毗荼人，当时他们已经与白种的雅利安人混居在一起。

经过长时间的发展，印度社会产生的等级制度比任何其他民族都更复杂且更稳固，婆罗门（祭司）、刹帝利（武士）、吠舍（手工业者或商人）及首陀罗（奴隶、农民、雇工等）构成了当时印度社会的主要的四个阶级。这种等级制度与民间流传的灵魂轮回的观念紧密联系，人们普遍认为今世的现状是前世的结果，只有安守本分、多行善事才是改变来世命运的唯一方法，因此这种等级制度下的统治是牢不可破的。

雅利安人来到印度半岛的初期，就由原来的酋长制度的组织结构发展成了多个小王国。第一个统一的庞大帝国是由孔雀王于公元前325年建立的，他打败了公元前327年亚历山大入侵印度西北部后留下治理当地的马其顿驻军，最后统一了印度，成为了帝王。

孔雀王朝最有名的君主就是孔雀王的孙子阿育王。阿育王原本是一个杀人如麻的暴君，后来一朝醒悟而成为佛教的庇护者和传教者。他兴建了大量的佛寺，派人到世界各地去传教，将佛的教义宣传到了锡兰、缅甸、波斯、埃及和希腊等地。玄奘在印度各地巡礼，发现有不少佛寺和佛像就是在阿育王的那个时代建造的。

不过印度在阿育王死后就又回到了复杂的分裂局面，经过五六百年后，才又出现一个统一的大帝国，即笈多王朝，这一时期可说是印度发展的黄金时代，不过佛教却在这时开始走下坡路，因为印度早期的婆罗门教再次兴起。所以玄奘到印度时，印度佛教已经是一片衰败的景象。

五世纪后期，笈多王朝为哝哒人所灭。六世纪时北印度的超日王赶走哝哒人，并逐渐臣服了中、东、北三印度的许多小国，创立了乌苌王朝。玄奘到印度取经时，正是乌苌王朝戒日王执政时期。戒日王曾用五年时间，征服了除南印度外的大部分地区，国势强盛。

至于宗教方面，当时佛教在印度已经衰微了几个世纪，用胡适的话来形容，就是已经到了"末期的烦琐哲学与咒术宗教"的地步，有些地方甚至已经不再信仰佛教。

虽然那里的佛教衰微，但令玄奘感到欣慰的是，信仰佛教的国王及臣民还是保有高度的热忱的。戒日王以护教者之姿态，使佛教也出现了一定程度上的短暂复兴，当然这也离不开玄奘的突出表现。

佛影记

进入北印度后，玄奘首先来到了信仰大乘佛教的滥波国。玄奘一行在此停留了三天，所见的滥波人体形偏小，他们喜欢以歌咏的方式来倾诉对生活的热爱。

往南二十多里就是那揭罗曷国，那揭罗曷国四周环山，民风淳朴，多崇敬佛法，都城叫灯光城。城东南有一座佛塔，高三百余丈，据说是无忧王所建，为了纪念释迦牟尼在此受记。释迦在第二"僧祇劫"的时候，在这里遇到了燃灯佛。燃灯佛是佛名，因为他生时身边一切如灯，就被命名为燃灯太子，成佛后就叫做燃灯佛。

"劫"是梵语"劫簸"的简称，通常是指普通的年月日单位所无法计算的极长时间。"僧祇"在梵语中是无数的意思，"僧祇劫"就是无数长时的一劫。在佛教的理论中，自有世界以来，世界就经历成、住、坏、空各劫，毁而再生，周而复始。

其实佛教认为释迦早已经成佛，他之所以会在两千几百年前再由凡人苦修成佛，是为了鼓舞世人，为凡人树立修成佛道的模范。在佛教中，释迦来到世间成为凡人不过是幻象而已，他是早就成佛的。佛就是觉的意思，当人们如昏睡后的恍然大悟而不再为烦恼所苦，就称之为觉。佛就是觉行圆满的人，既能自觉，又能觉他。

释迦在第二僧祇劫的时候逢燃灯佛，并把鹿皮铺在地上，用身体和头发盖住泥土，然后请燃灯佛坐在上面讲话。后来经过几次坏劫，遗迹仍存在，所以就在上面建塔。

玄奘特意去塔中拜佛，在附近碰到一位老僧，玄奘问他："据说释迦在这里时是第二僧祇劫，现在是第三僧祇劫，这中间已经过无数的劫，每一劫世界都要遭到一次毁坏，然后又要重新建立。世界遭毁灭时，连须弥山都化为灰烬，怎么这个遗迹却能得以幸存？"

老僧回答说："世界毁灭的时候，这个遗迹其实也跟着被毁灭。只是世界恢复再造时，这个遗迹就会重新出现。须弥山虽几经毁灭，现在也还立在那里，这个圣迹当然也不会被毁灭！"

老僧的回答让玄奘觉得十分满意。玄奘继续往前走，看到很多有关释迦的圣迹，包括他买花的地方，及供奉顶骨的佛塔。让玄奘最感兴趣的是佛影石窟，传说释迦曾在这个石窟里，降伏了一条恶龙，窟洞里还留有释迦的影相，但因当时兵荒马乱，盗贼横行，山路难走，两三年来都没有人看见佛影了，大家也就不再有兴趣前往了。

玄奘不管随行人员的频频劝阻，让大家先回去，自己一个人跟着引路人往山上走，半途果然遇到了山贼拦住了他们的去路，强盗们问玄奘："你难道没听说这里有很多山贼吗？"

玄奘平静地回答说："为了膜拜佛影，即使猛兽当前我都不怕，何况是山贼！"山贼听了玄奘的话深受感动，随即幡然悔悟，还陪同玄奘前往。

几人在一条溪流旁找到了石窟，洞口朝西，里面漆黑一片，玄奘往里查看一下，不免有点困惑。引路人告诉他，在黑暗中一直前行就会碰到岩壁，然后再倒退五十步左右，注视正东方，就可以看到佛影。玄奘按照引路人的说法往里走，然后向正东方拜了一百多次，最终却什么也没看见。玄奘不由伤心地想，是否因为自己前世罪障太重，所以看不见佛影？玄奘等了一会儿，然后虔诚地诵念经文和赞佛的偈语，接着又拜了一百多次，石壁上终于出现了一团钵一般大的光，但是那光却转瞬即逝，虽然短暂，却让玄奘信心大增，他继续不停地膜拜，并在心中发誓，不见佛影就决不离开。也许是玄奘的诚意感动了上天，石窟内突然大放光明，释迦牟尼的像清晰地浮现在岩壁上，佛的面孔散发着耀眼之光辉，好比拨云见日般的温暖，佛身和袈裟呈赤黄色，膝部以上较为清楚，莲华座（佛家坐法之一，左脚先着右大腿上，右脚再着左大腿上）以下则略为模糊，其左右背后，还可以清楚地看到诸位菩萨和圣僧。

玄奘赶紧唤等候在外的引路人和山贼拿着火把进来烧香，但他们持着火把一进洞，佛影就立即消失。玄奘连忙叫人把火熄了，并恭敬地请求佛陀再现，佛影才又出现。众人中除一人以外都可以看到佛陀的影像，每个人都激动不已，纷纷向佛影献花膜拜，片刻之后，佛影逐渐消失。那些山贼走出石窟后，就感动得立刻放下屠刀，改邪归正，从此皈依佛门。

名扬北印度

离开了石窟，玄奘与随行人员会合，再往前走五百多里路就是著名的犍陀罗国，这是个历史悠久的国家，留下了丰富的文化遗产，范围大致在阿富汗喀布尔及其西南的坎大哈以东，及巴基斯坦西北的白沙瓦。东汉时，曾被匈奴人侵扰而被迫迁到中亚的大月氏于公元 102 年入侵北印度，建立了中亚文明史上有名的贵霜王朝，其君主迦腻色迦在此建立健陀罗王国。这个地方自古就是印度与希腊、中亚米往的交通要地，阿育王在任期间，为了弘扬佛法，曾派僧侣来此大力传教，因此而产生出了许多伟大的佛教艺术，最终发展成为佛教艺术的重要流派，号称"健陀罗艺术"。这种艺术形式曾在公元前两世纪时盛行于信度河（今印度河）流域，南北朝时期随佛教传入我国，对我国艺术文化也产生了不小的影响。它融合了印度、希腊、波斯等地的艺术风格，是多种文化艺术的混合体，公元前三世纪的亚历山大东征，将希腊的艺术带来了这里，使这里成为了印度半岛上的希腊文化中心，盛极一时。

然而在玄奘到来的时代，健陀罗已沦为迦毕试的属国，旧王城及众多佛寺都已经被废弃，但玄奘仍然觉得这是个令他肃然起敬的国家，因为玄奘敬仰的无著、世亲兄弟就是在这里出生的，他们曾将玄奘最想要研究的《瑜伽师地论》进行阐述并发扬光大，其他如法救、如意等圣僧也来自于这个国家。境内佛教建筑非常多，圣迹更是随处可见，有安置佛钵的宝塔，藏有释迦舍利的迦腻色迦王佛塔等，阿育王在释迦舍眼（赐眼睛给盲人）的地方所建的佛塔，还有城附近释迦教化鬼子母（鬼子母本名诃利帝，他本来是恶神，专吃人子，归佛后成为了护法神）使归佛的地方。玄奘把高昌王所布施的金银绫绢等都捐赠给了所到的佛塔伽蓝。

玄奘一行又逾山涉川，来到乌仗那国，那里盛产葡萄，本来是个重要的佛教中心，原有一千四百座寺院，最多时达一万八千名僧侣，但玄奘来到时，寺庙大部分均已荒废，同样，境内的佛塔圣迹相当地多，玄奘一一前往朝拜。其中达麻罗河旁的高约十丈的木雕弥勒佛像，是由一位末田底迦罗汉，凭神力带领人升天，亲自观察菩萨的妙相三次（佛语谓庄重严肃的神态为妙相），最后才雕刻完成。罗汉即阿罗汉，是小乘佛教中断尽一切见、思、惑的圣者，凡得小乘教修道的极致——阿罗汉果者，就叫阿罗汉。

参观完各处圣迹后，玄奘又回到乌铎迦汉荼城从这里南渡信度河即达呾叉始罗国。信度河中藏有毒龙、恶兽，若持有印度奇宝、名花果种及舍利渡此河，经常翻没船只。呾叉始罗国大城北十二三里有阿育王建造的佛塔，不过最终也难逃被废弃的命运，城中的僧侣人数也很少，不复当初佛教盛行时的情景。

玄奘一行人又往东南行了二百余里，到了大石门。相传当年摩诃萨垂王子曾在此看到一只饿虎带着七只虎崽，王子出于怜悯，就用竹片刺破自己的身体，用自己的血去喂老虎，可最后王子却被老虎吃了，那里的土地是红色的，长出的草木也是鲜红色的，玄奘看了叹息不已。

再往东南行五百多里就到了乌剌尸国，然后玄奘又和随行人员登上了东南方的山，走过一架铁桥后又行了一千多里，最后一行人就来到了迦湿弥罗国。这个地方汉朝时叫罽宾，位于今克什米尔，地理位置很重要，与于阗、龟兹同为西域的交通重镇。三世纪的时候佛教在这里极为盛行，后来屡遭回教徒和蒙古人的侵犯，不过玄奘来到时，它仍是少数几个佛教依然兴盛的地区之一。

王城里的佛教寺庙多达一百多所，僧侣五千人，四座阿育王建的佛塔，其中收藏了很多释迦的舍利。玄奘起先投宿在城外三十里的护瑟迦罗寺，据说夜里寺中的僧人都做了同一个梦，梦见有神人告诉他们："夜宿此寺的这位客人来自摩诃支那，他要到印度求法取经，一路参拜佛迹到此，获无数善神的佑护，他的到来是你们前世修来的福分，你们一定要用心招待，以获得他的敬仰，千万不要偷懒！"僧人们一起被惊醒，大家赶紧起床念经祷告，天一亮就来见玄奘，对他敬重有加。

走了几天，玄奘来到王城外的达摩舍罗，那里是招待行旅及救济穷人的处所。刚一到达，国王率领群臣和僧侣们迎接玄奘，欢迎的人群和旗帜遍布整条街道。国王亲自上前献花，让玄奘乘坐巨象进入城内，这大概是他进入北印度以来见过的最隆重的迎接仪式。

经过一番佛法上的讨论，国内的首席大德对玄奘赞赏有加，对其他僧人们说："这位支那高僧，智慧在你们每一位之上，甚至可以与观世音菩萨媲美！"国王听说玄奘是为取经而来，专门派了二十多人协助他抄经，又另派五人侍候一些杂事，所有费用由王室支付，为玄奘提供了很大的便利。

迦湿弥罗国是一个重要的佛教国家，贵霜王朝的迦腻色迦王曾在此召集五百名佛教学者，从事佛典的编纂注释工作。玄奘在这里发现了许多值得研究和学习的东西，因此在这里停留的时间比较长，从贞观二年（公元 628 年）的年底来到这里，一直住到第二年。在这期间，玄奘一直到处朝拜圣迹和学习经论。他还在《西域记》中提到此地人"容貌妍美"。

贞观三年（公元 629 年），玄奘离开了迦湿弥罗国，继续他的西行之路。玄奘起程向西南行了大约七百里，来到了一个叫半笯嗟国的地方，再往东行四百多里就到曷逻阇补罗国，往东南七百多里是磔迦国。

进入北印度以来，玄奘一直都在印度的边缘地带游历。这些小国风俗语言各异，服饰也不尽相同。半笈嗟国和曷逻阇补罗国的风气不善，玄奘在那里就遇到过蛮横的土匪。五十多个土匪掠去了玄奘和随行人员的所有衣物和钱财，甚至还要斩草除根，追杀他们，玄奘一行被追到一个已经干涸的水池旁，很多人都被土匪抓住了，不是被捆绑就是丧命刀下，只有玄奘和随行的沙弥藏在一处浊水中，只露出脸部在水面呼吸，借着池底的草木掩护才得以幸免，然后找到机会跳出池外，就开始拔腿猛跑，玄奘一口气跑了两三里路，碰到一个正在耕地的婆罗门。

婆罗门得知他们被土匪追杀后很吃惊，立刻带着他们和自己的牛跑回村内，敲锣鸣鼓招来村人，浩浩荡荡向土匪所在的方向进攻，村里的人似乎很有这方面的经验，很快就都全副武装起来，土匪一看这个场面，立即掉头狼狈逃走。玄奘赶紧和村人们赶到水池旁，给那些被绑的人松绑，一些人被吓得大哭，玄奘微笑地安慰他们，有人就问他说："衣物钱财全被洗劫一空，什么都没了，这实在是够惨！大师您怎么一点都不在乎？"玄奘心平气和地回答道："古书中有一句话说'天地之大宝曰生'，这世上最宝贵的无非是生命，生命保住了，其他身外之物的损失，又算得了什么？"众人听后心下释然，继续跟着玄奘向前赶路。

第二天，一行人来到了磔迦国的东边，在一片大树林中遇见了一位婆罗门，据说已经七百多岁了，但是身体依然很硬朗，他身边的两个侍者也已一百多岁。这些人精通印度最古的宗教典籍——《吠陀》。"吠陀"是印度宗教哲学和文学的基础，在雅利安人发明文字之前就出现了，主要是歌颂神德的赞歌，用来在祭祀的时候诵唱，另外还包括一些祭祀仪式的说明、祷文、咒文等。《吠陀》是属于凡人的自然宗教圣典，最初的婆罗门阶级就是因为背诵了这个被民间认为具有超人咒力的经典而受到尊重，并被视为与神同等，最终奠定了婆罗门的地位和势力，所以《吠陀》就等于是婆罗门的权力泉源。但是由于年代久远，这部用古语写成的经典并不能被一般民众所理解，渐渐变成神语，婆罗门就以神的代言人的身份加以诠释，其地位就更加神圣了。

玄奘的到来让这个老婆罗门非常高兴，得知他们被洗劫一空，他特地派侍者到镇上募捐，当时玄奘的名字早就在他停留迦湿弥罗时流传开来，侍者的募捐进行得很顺利，几乎一呼百应，富豪们纷纷带着布匹和食物前来看望玄奘，玄奘把东西分给随行人员和热心的婆罗门，并在那里停留了一个月，向老婆罗门学习各种经论，相传这个老婆罗门是佛教有名的龙猛菩萨的弟子。

古老的传说

玄奘告别了婆罗门，向东行五百多里就进入了至那仆底国境内。"至那仆底"的意思是中国的封地，所以又叫"汉封"。之前玄奘路过迦毕试国时听到的有关汉人天子的传说中，就提到了至那仆底国。据说那位汉王子夏天住在迦毕试国的沙落迦寺，冬天就移居到至那仆底来。玄奘住在这里的突舍萨那寺一年多，跟随寺内的高僧毗腻多钵腊婆学习《对法论》《显宗论》和《理门论》等经典。

出了至那仆底国，玄奘往东北行一百五十里进入阇烂达那国，在那里待了四个月，其间向那里的高僧旃达罗伐摩请教学问。再往东北，经过一段断崖绝壁，就到了屈露多国，然后往南及西南行，先后到达设多图卢国和波里夜呾罗国，往东途径秣菟罗国（今印度首都新德里东南的穆特拉），就进入了中印度，这里是重要的佛教文化中心，佛迹极多，各宗各派都有。

玄奘以激动的心情，一步步地接近心中的圣地。在通过了萨他泥湿伐罗国和窣禄勤那国之后，玄奘第一次站在了"圣河"恒河的岸边，玄奘向远处望去，八百里以东就是它的发源地喜马拉雅山，这条大河向东南流入孟加拉湾。《西域记》中关于它的描写很多，说它"灵怪虽多，不为物害，其味甘美，细沙随流"，还记载了当地人的一些相关风俗，人们认为恒河水是"福水"，"罪咎虽积，沐浴便除"，可以用恒河水洗掉自己的罪孽。不过这些在佛教的经典中都找不到根据，这只是婆罗门教的说法。玄奘在此停留了五个多月，其间一直跟高僧阇耶毱多学习。

贞观四年（公元 630 年），玄奘前往秣底补罗国，打算向德光论师的弟子蜜多斯那学习《辩真论》等。

　　四个多月以后，玄奘来到了一个特别的国家，那就是北边的婆罗吸摩补罗国。巍峨的喜马拉雅山就在其北方，这里是传闻中的"东女国"，国王通常由女人担任，男人只负责战争和农耕等事务。

　　玄奘马不停蹄地赶路，又南渡恒河到毗罗删挈国，原本这里有一座阿育王建的佛塔，由于婆罗门教再度兴起，佛教式微，最终导致佛塔无人供养，已有一半倾毁。东行二百多里，玄奘一行进入了劫比他国，佛教在这里的情况较其他地方好些，佛教僧人在一千人以上。王城的东方有一座大寺庙，内有著名的三宝阶。之所以建这样一个三宝阶，是源于佛教中的一个典故。

　　在佛教的生死轮回中有六道，分别是天道、人道、阿修罗道、畜生道、饿鬼道和地狱道。前三者是善道，后三者是恶道。天道有二十八重，四王天分别在须弥山腰的四面，忉利天在须弥山顶，此四王、忉利二重是为地居天；再往上的二十六重则为空居天。"忉利"是三十三的意思，因其宫殿在须弥山顶，四方各有八天，掌管三十二天，中央为帝释天，共计三十三天。

　　传说释迦的母亲生下释迦后就去世了，依其生前之造业，死后升忉利天，释迦后来升到忉利天为母亲说法，中央的统御者帝释天用神力造三列台阶，以方便释迦返回下界。

这三列台阶，中央一列用黄金打造，左侧是用水晶打造的，右侧则是白银的，释迦从中央的黄金台阶走下去，两侧都有人陪同，走在右侧银阶上的是手持白拂的第九重天的大梵天王，而帝释天则手持宝盖走左侧水晶台阶。相传那些台阶一直到数百年前还存在，只不过均已被破坏。玄奘所见到的三宝阶，是后世国王在原来的地方以砖石砌成的，然后再饰以宝石和黄金。台阶长达七十多尺，两侧还供有佛像及左右陪侍的帝释天及大梵天王的立像。旁边七丈高的石柱是阿育王所建。

玄奘往西北行二百里就进入了羯若鞠阇国境内。黑公羊割其势而为羯，在这里"羯"的意思就是女性；"鞠"，弯曲的意思；"阇"指城门上的台。这个名字合起来的意思就是"曲腰女之城"，也就是曲女城，坐落于恒河岸边。这里的统治者是印度的中兴名君戒日王，他同时也是一名伟大的护教者，在他的统治下，曲女城充满了蓬勃的朝气。

关于"曲女城"这个名字的由来，玄奘听过一个传说。很久以前，这里叫做花宫城，国王在周边的国家里很有威望，那里的人可以活到几百岁甚至几千岁。国王有一千个王子和一百个公主。王城附近的恒河河畔有一个上万岁的大树仙，他的身体像一棵大枯木，鸟儿无意间把嘴中所衔的种苗掉在大树仙的肩上，树苗就在他肩上长成大树，鸟儿就在上面结巢。有一天，曲女城的公主们来河边树林嬉戏，引起了大树仙的兴趣，大树仙就跑到了国王的面前，要求国王将公主中的一个嫁给他。国王觉得很为难，并没有当场答应，只是用好话把他先打发回去了。国王叫来女儿们商量，公主们没有人愿意嫁给他，只有一个年纪还小不太懂事的小公主，不忍父王为此担忧，就挺身而出表示愿意。国王无奈只好带着这个小女儿去见大树仙。大树仙一看是个毛丫头，非常不满意，就问国王为何带这么小的来，国王实话实说，因为其他的女儿都不愿意。大树仙闻言大怒，说："好个不愿意，那我就诅咒其他九十九个公主全部变成既丑陋又曲腰的丑女人，让她们这辈子都嫁不出去！"国王大惊，赶忙回宫一看，自己的女儿果然全部变成了那副丑样子，从此花宫城就改名为曲女城。

在玄奘出生之前，光增王在北方兴起，经过了多年的南征北战，终于在传到儿子戒日王时发展成了统一北印度的帝国，然而相传戒日王的继位并不是一帆风顺的，中间还出现了一些波折。光增王死后，先是由戒日王的哥哥王增王继位，他贤明能干，甚得民心，导致邻近的东印度金耳国国王沙桑加十分妒忌他，沙桑加认为邻国有贤主，必为本国的祸端，于是假装邀请王增王共进晚宴，趁王增王赴宴时将他杀害。于是群臣才拥立戒日王登上王位，戒日王即位后整军经武，席卷北印度，攻破金耳国为兄复仇。

戒日王颇懂得和平必须有武力做后盾的道理，他注重加强自己的军事实力，他拥有一支由六万象军和十万马军组成的部队。这支军队帮助他维持国内外的稳定秩序，而后他才

印度曲女城遗迹

能在稳定中致力于和平及弘扬佛教事业。天下太平后，戒日王下令没收民间武器，广设"福舍"，兴建了许多佛塔伽蓝，禁止杀生肉食，每年供养各国僧侣二十一天，五年举办一次"无遮大会"。"无遮"在梵语中的意思就是宽容无阻，即不分贤圣、道俗、贵贱、上下，众人皆可参与，平等地进行财施及法施的大法会。

财施、法施是佛教中所谓布施的三种方式中的两种，第三种叫无畏施。财施指舍财济贫；法施就是说法度人的意思；无畏施就是以无畏施与人，救人出厄难的意思，我国的少林寺和尚的武道精神，大致就是源于无畏施的观念。

戒日王把国库财产都拿到五年一次的无遮大会上用来布施，这样的大手笔是很少见的。他以佛教的教义来治理国家，使得佛教能够在婆罗门教复兴的压力下出现一段回光返照式的兴旺。玄奘在此停留了三个月，跟随毗离耶犀那三藏学习《毗婆沙》。不过并没有史料记载到这段时间玄奘与戒日王之间的来往，他们之间的相逢，进而迸发出的灿烂耀眼的光芒，还是以后的事情。

恒河遇险

曲女城往东南行六百余里，渡过恒河就到了阿逾陀国。这里的佛教与曲女城一样兴盛，大、小两乘同样很盛行。西北有阿育王所建的高二百多尺的宝塔，据说释迦曾经在此地传教说法。城西南五六里有古寺，传说健陀罗国的无著菩萨晚上升天去接受慈氏菩萨的教导，白天再回到寺中为众人说教，慈氏菩萨教给无著的正是玄奘一心想学的《瑜伽师地论》等。城中的另一古寺是世亲菩萨著书讲经的地方。无著和世亲兄弟俩后来都信奉大乘教，在这方面有着丰富的著述。他们大约比玄奘早出生两个世纪，兄弟俩的佛学造诣之深、影响之大，堪称印度佛学的一代宗师。玄奘参观他们的圣迹时，心中充满了敬仰之情。

阿逾陀国往东三百多里的阿耶穆佉国是玄奘行程中的下一站，不料船在恒河行至一百多里时，遇到了十多艘土匪船，他们等候多时，看到玄奘的船靠近就立刻围拢过来。玄奘的船被逼靠岸，上面的人顿时乱成一团。匪徒把玄奘一行人赶上岸去，逼他们脱下衣服，然后劫走了所有的财物。

这一次的劫匪除了财物之外，还有一个企图，他们都是所谓突伽神的信徒，每年秋天都要杀害俊美男子以血祭他们的女神。根据玄奘弟子所著的《三藏法师传》，可以了解到玄奘的外貌"形长七尺，身赤白色，端严若神，美丽如画"，这样的风姿和气度立刻引起了匪徒的注意。他们暗自庆幸，如果把玄奘作为祭品献给突伽神，女神必定会满意，就会保佑他们今年获得好运，当下就决议把玄奘杀了。玄奘不慌不忙地说："假如我这样又脏又丑的外貌对你们有用，我不会吝惜。只是我来自遥远的中土大唐，千里迢迢想要求法取经，如今壮志未酬却遭你们杀害，恐怕你们也不会有好报！"同船的人也纷纷为玄奘求情，甚至有人挺身而出，想要替玄奘受死。

但是土匪们不理会玄奘的话，说什么也不肯放过他，土匪头目下令就地筑坛，然后将玄奘架到坛上，准备立刻举行祭祀。玄奘既不求饶也不谩骂，从头到尾不发一言，很令土匪纳闷。只是在最后玄奘才提出一个请求："请稍候片刻，让我心理作个准备，以便安心地到彼岸。"也许是土匪被他的镇定和真诚所感，就答应了他的请求。

祷告完毕后，玄奘端坐默念菩萨法号，奇妙的事情就在这时发生了，玄奘突然觉得自己身体轻轻往上飘，仿佛上了须弥山一样，而后一重天、二重天、三重天，一直升到睹史多天，玄奘心情极为欢喜，见到了慈氏菩萨及随侍的诸位天神，完全忘了自己被绑在祭坛上，也好像完全听不见土匪的喧嚷及弟子们的哭泣声。

忽然间整个树林里天昏地暗，飞沙走石，恒河水骤然掀起了波浪，吞噬了河上的船只。土匪们大惊失色，忙问玄奘的随行人员："这个人到底是谁？"有人说："他就是从支那来求法的高僧啊！你难道还没弄清楚？杀死他会惹怒天神的，你们赶快忏悔吧！"土匪们闻言纷纷跪倒在地，连声忏悔。玄奘这个时候一动也不动，根本不知道心外的世界正在发生什么事情。土匪中有一人见状上前为他松绑，玄奘惊醒过来问："时候到了是吗？"土匪又惊又怕，连忙说："不！不！我们决不杀害您，请您原谅我们吧！"

玄奘这才明白自己的祈祷已经发生作用，就接受了土匪们的忏悔，还劝他们放弃为恶，免受恶报，为他们说法。土匪们纷纷表示自己受邪神迷惑而坠入罪恶的深渊，果断地把作恶的兵器丢入河中，把劫来的财宝归还给原主，然后接受玄奘的五戒，决心弃恶从善。这事传开以后让很多人感到惊奇。大家都认为是玄奘求法的诚心感动了诸天神。

玄奘继续坐船前往阿耶穆佉国，然后再转东南，行七百多里到钵罗耶迦国，也就是今天的阿拉哈巴德一带。城中同样有阿育王所建的佛塔，据说是当年释迦说服外道之地。城东是恒河与阎牟那河交汇处，自古就有王公富豪把此地作为布施的大施舍场，方圆十四五里的地方，每五年就会举行一次"无遮大会"。

　　两河交流处所看到的情景最令玄奘感到吃惊，他看到大约数十个婆罗门教的苦行者，将特别设计的柱子立在河中，日出前爬上柱子上方的横木上，以一只手扶柱子，同一边的脚抵住支持身体，而另一边的手脚则悬在空中，眼睛看向太阳，随着太阳的移动而转动身体，一直坚持到日落才从柱上下来。

　　据说在此跳水而死的人可以往生天国，所以每天都有几百人带着通往天国的梦想在岸上绝食，然后七天后投水自杀。

　　这个时候的钵罗耶迦国已看不到几个僧侣了，那里已经成为了婆罗门教的天下。从这里经过一个猛兽野象出没的大森林，一行人有惊无险地来到侨赏弥国，该国大约在今天的邦朱木拿河一带，传说释迦经常到那里去。这时，那里已经荒凉不堪了。破旧的宫殿内有高六十多尺的大精舍，供有一尊檀木佛像，据说是与释迦牟尼同日生的邬陀衍那王雕刻而成的。相传邬陀衍那王趁释迦升上忉利天为摩耶夫人说法时，委请其弟子目连带领工匠升天观察释迦牟尼的尊容，再回到人间雕刻而成。

　　城里虽有不少圣迹，但大都已经被废弃了许久，无人问津了，这让玄奘感到很伤心。玄奘离开了这个荒凉的地方，往东再行五百里进入鞞索迦国境内。这是一个信奉小乘教的国家，释迦曾在此说法六年，据说当年释迦牟尼在此地丢弃了一根杨树枝，现在已经长成了一棵高七十多米的大树。这棵树曾经一度被异教徒砍伐，但每次都能重新发芽，茁壮成长。

佛陀的一生

　　玄奘继续向东行五百多里至室罗伐悉底国，相传释迦牟尼在世时，为钵逻犀那恃多王所治之国，都城为舍卫城，大约在今印度与尼泊尔的交界地带。释迦牟尼在这里度过了绝大部分的后半生，所以这里的圣迹随处可见，最出名的要数城郊的精舍了。

　　"精舍"就是供僧侣们居住、学习的佛舍。释迦牟尼在菩提树下觉悟成佛后，国王献出了郊外的一片竹林地，王城内的长者们建造了六十个房舍捐献给他的教团，于是就有了第一个精舍，人们称之为"竹林精舍"。竹林精舍的出现对于佛教教团的确立意义非凡。

　　当年舍卫城的一位长者，为了迎接释迦牟尼的到来，想找块地兴建精舍，最后他看中了王子的园林，王子不想卖掉这块地，所以推脱说要有铺满园林的黄金才卖，不料长者果真运来一车车的黄金铺满了园子，王子见状觉得那位长者的企图必非寻常，于是主动捐献了未铺黄金的一块园林。由于那位长者平日经常救助孤儿及孤寡老人，大家都称他为"给孤独"（支给孤独者），因此精舍建成后，名字就叫做"逝多林给孤独园"。释迦牟尼在此居住了很长时间。

玄奘到达那里时，精舍已经完全荒废了，甚至整个舍卫城也是一片荒芜，城东门有阿育王所建的石柱，佛寺都遭到了很严重的破坏，只剩下一个砖砌的佛堂，里面供奉着一个金雕像，雕像是舍卫城的胜军王仿照前面说的檀木佛像铸成的。

除了精舍以外，有几个深不见底的洞穴也是让玄奘很感兴趣的圣迹，其中一个有个传说，据说释迦牟尼的堂兄弟提婆达多，想利用藏在指甲间的毒药害死释迦牟尼，最后落得个活活地从那里陷入地狱的下场，同时提婆达多的帮凶，骂释迦的僧人瞿伽梨也在旁边被打入地狱。另外一个洞穴的传说也很有趣，据说一个名叫战遮的异教女子，因为嫉妒释迦的名声，就想要设计陷害释迦，她将一个木盆隐藏在腹部，假装成怀孕的模样来到精舍，当着众人的面指着释迦牟尼就破口大骂："这个对你们说法的男人假正经，他跟我有了这个孩子，你们看！"这时居住在须弥山顶的帝释天化成一只老鼠，趁着女人不注意的时候钻到她的衣服里，咬断了绑木盆的绳子，木盆登时掉了下来。围观的人上前把木盆拿起来问道："这就是你的孩子？"就在这时，大地裂开了一个口子，那个女人从那里坠入地狱，只留下一个深不见底的洞穴。

虽然这个城已经荒废，但玄奘在其中游走参观，心中仍时不时浮现出一幅幅佛经故事的画面。他还想到了一则关于胜军王与佛陀的教谕。当时胜军王时常陪一些来访的国王们拜访释迦牟尼，有一天他又来到精舍，一进门就气喘如牛，经询问，释迦牟尼才知道他有暴饮暴食的习惯。他刚刚吃得很饱，一吃完饭就匆匆赶来，结果让自己喘个不停。释迦牟尼听后莞尔一笑，对胜军王说："人应自己系念，如量而摄食。如斯，可少吃苦，不垂老，可保长寿。"胜军王觉得释迦牟尼的话很有道理，就转身对站在他背后服侍他的少年说："你把刚才的话背熟，我每次吃饭的时候，你就背给我听。你每背一次，我就给你一百个钱。"少年非常高兴，每天都在胜军王吃饭的时候背诵，慢慢地，胜军王的饭量就减少了，身体也终于渐趋结实而健康端正。从这个故事中我们可以看出释迦牟尼能将"中道"之理寓于行住坐卧、喝茶吃饭之间，既不偏重于婆罗门的禁欲主义，也不偏向世俗的享乐主义。

玄奘睹物思情，不禁黯然神伤，想起释迦牟尼在时的种种教谕，又想起预言所说的"佛灭后一千五百年，其教法将在印度绝迹"，眼前的情境似乎都应验了。

从舍卫城向东南行八百多里到劫比罗伐窣堵国，这里就是释迦牟尼的故乡，旧称"迦毗罗城"。来到释迦牟尼的出生地，玄奘满怀兴奋和严肃的心情。

玄奘来到这里，见到的仍然是断瓦残垣，荒废程度较之舍卫城有过之而无不及，剩下的只是筑墙的砖块堆而已。附近有一个佛寺，里面住有三千名僧侣。城里的圣迹有供奉释迦的父亲净饭王的寺庙，庙北是摩耶夫人的寝宫遗迹，旁边就是释迦牟尼降生的地方，供有释迦降生像。

据佛经说，释迦牟尼降生的时间是印度历四月三十日晚上，相当于中国阴历的五月十五。但关于这个时间还是存有争议，也有人说是四月二十三日，即中国阴历五月初八。关于他的出生年代也有很多种说法，而且分歧很大，有相差达四五百年者，不过一般认为，他出生于公元前565年，圆寂于公元前485年，比孔子早出生十四年。

"释迦"是种族名，传说属于土耳其种，战国时代叫塞族，西方历史上称之为萨凯族，又称做释迦族。他们原本居住在伊犁河一带，后来有一支逐渐南迁至印度。相传汉代的康居就是他们留在原地的一支。"释迦"的字义为能仁，"牟尼"是寂默的意思。

释迦牟尼俗名叫悉达多，父亲净饭王是城主，姓乔达摩，母亲摩耶夫人生下他七日后就去世了，姨母摩诃波阇波提将他抚养成人，净饭王聘请了婆罗门学者教释迦牟尼文学、《吠陀》等，又请人授他以武艺，释迦牟尼十六岁时娶邻国善觉王的女儿耶输陀罗为妃。一天，释迦牟尼乘车出城，看见衰病及死亡的人，突然领悟到了世界的无常，遂决意出家。父亲净饭王不准，这时，耶输陀罗怀孕了，释迦牟尼认为这样就可以告慰父王，于是牵白马飞奔出城，释迦牟尼先后苦修了六年，仍然觉得难以悟道，于是起身沐浴于尼连禅河，沐浴后接受了一个牧羊女提供的乳糜，恢复了健康。之后他渡过尼连禅河，来到伽耶城外的毕钵罗树（即菩提树）下，在树下打坐默想，暗自发誓，不成正果就决不起身，经过七天七夜，释迦牟尼突然之间恍然大悟，顿悟成佛。而后释迦牟尼就开始周游四方，化导众生，足足游历了四十多年，最后在拘尸那迦城的娑罗林间寂灭。

　　释迦牟尼年轻时曾经在城的南面练习武艺，有时还与同族人练臂力，如今那里有一座纪念塔。在释迦牟尼七岁跟随婆罗门学者学习的地方，有描绘其受业情形的画像。另外，为了纪念他牵马飞奔出城，在城东南有太子骑白马奔腾的像。城的四门外各设一祠，这是为了纪念他从四门出游。祠中有描绘生老病死的图画。这个城还曾发生一件血腥的屠杀事件，即使已深悟解脱之道，晚年的释迦牟尼仍为此感到悲痛不已。

　　胜军王皈依佛陀以前，为了表示欢迎释迦牟尼到舍卫城的诚心，表示愿娶释迦族女子为妃，然而释迦族的人天生具有很强的优越感，不愿将本族女子嫁给外族，但又不敢拒绝胜军王，最终就将一个奴隶所生之女装做是释迦族的女儿嫁了过去，因此种下了祸根。奴隶之女生下的男孩就是毗卢释迦王，他为太子时，有一次到劫比罗伐窣堵国请益受业，释迦族的人得知他来了，一边赶他离开，一边辱骂他身份低下。毗卢释迦王深感耻辱，即位后就迫不及待地想报复，准备亲自率领军队攻打迦毗罗卫城。这件事被释迦牟尼得知后，他赶紧到军队肯定会路过的枯树下等候。毗卢释迦王见到他立刻下马，恭敬地问他："枝叶繁盛的树多得很，为什么偏偏站在这棵枯树下？"释迦牟尼说："一个种族就好比一棵树，倘若枝叶都已枯萎，哪来树荫可躲？"

　　毗卢释迦王听了这话只好退兵，回去后却越想越不甘心，不久又率兵卷土重来，城内的释迦人谨记释迦牟尼戒杀的教诲，全部都是手无寸铁的人民，最后很多人都被杀害了。只有在城外耕种的四个人在看见敌兵时，试图进行抵抗，但不久又退回了城内。但是这四个人最后却因为犯了杀戒而被逐出城。传说他们逃进了喜马拉雅山中，使得仅存的释迦族香火得以延续。另外还有五百名美女被毗卢释迦王带回了舍卫城，她们坚贞不屈，最后都被剥光衣服，斩断了手脚，众人在痛苦中呼喊着释迦牟尼的名字，释迦牟尼及时赶来，但却无法使她们逃离死亡，只好对她们说法，让她们在宁静中离开人间。慈悲为怀的释迦牟尼回到精舍后告诉左右的人："七日后，毗卢释迦王死于水中。"释迦牟尼的预言果然应验，七日后，毗卢释迦王与宫女泛舟池上，忽然间狂风骤起，毗卢释迦王被淹死。

玄奘在舍卫城外找到了当初释迦牟尼等待毗卢释迦王的枯树，也曾到过五百美女被杀的地点，旁边就是曾经淹没了毗卢释迦王，如今已经干涸的水池。在迦毗罗城那边，玄奘看到了那些束手被杀的释迦人的坟。四位农耕的释迦人反抗毗卢释迦王的地方则建有四个塔，玄奘带着沉重的心情一一凭吊。

涅槃

　　带着几分伤感，玄奘告别了佛陀的故乡，经过一片旷野荒林，向东行二百里，就到了当年释迦牟尼偷偷剃发的地方——蓝摩国。

这是一个人口稀少的国家，境内有一座阿育王建的塔，据说当年释迦牟尼亲自提刀，在那里割断了自己的头发，他还在那里把自己的宝衣、髻珠等换成了鹿皮，然后让随从回去禀报父王说："早晚别离，世之常事，恒聚一起，岂可得乎？"然后就开始了到各处山林求师访道的生活。

城东南有一座宝塔，据说是蓝摩国王为了供奉释迦牟尼的舍利所建的。塔旁就是传说中的"龙池"，说是有龙经常化为人形，围绕着塔念经，还向佛祖献花。后来有僧侣陆续从各地前来参拜，却在此看见过一只野象，野象用它的长鼻子卷着鲜花献到佛前供养，它还用象牙割草，用长鼻子喷水，在场的人无不称奇。其中有一个僧侣感慨地说："大象虽是野兽，却懂得拜佛供佛，还懂得为佛清洁环境，我们是佛门弟子，怎能坐视不管？"于是他就自己一个人留下来，搭一间小屋干起活来，非常勤快地栽花种果，邻近各国的人都纷纷捐款，在池旁建了一座寺庙，由那位僧侣担任住持，由刚剃度受戒的沙弥管理诸项杂务，而后代代相传，香火不断。

离开蓝摩国，玄奘穿过一片森林，避过山牛野象和土匪强盗，终于抵达了释迦牟尼寂灭的地方。

所谓"寂灭"，相当于"圆寂""涅槃"。涅槃本意是熄灭，永离诸趣，进入不生不灭之门。凡人不论圣贤与否皆难免一死，但对佛祖菩萨而言，死去的只是他的肉身，至于他的本性本体则不生不灭。所以他们的死叫做"涅槃"。要讨论关于涅槃的问题，就必然涉及一些佛教的基本论点。佛教承认印度原来盛行的"轮回"观念，肯定人生在世是件很苦的事。苦是来自各种欲念，如果人能够摒除一切欲念，就能够进入一种恬静不乱的境界，这就是涅槃的境界。人如果通过修行达到涅槃，那么他死后就可以不必再入轮回，而是进入不生不灭的境地。如果死前就修成涅槃，因为惑业已尽，身体还在，所以叫做"有余涅槃"。至于死亡，小乘佛教认为是"身"与"智"永亡；大乘佛教则认为一切众生成佛，无所谓实灭，意识全体究竟灭尽与否是无法断言的，所以死是"息幻归真"。不管是身智永亡，还是息幻归真，都能进入"无余涅槃"至完至全的境界。但佛教严禁人为地将死期提早以便登无余涅槃的彼岸。一般佛教僧侣去世被称为"涅槃"或"圆寂"，就是"归真返本"的意思。

释迦牟尼游化四方，生前最后的心愿可能就是从吠舍厘回到舍卫城的祇园精舍，这里是必经之路，可是释迦牟尼走到这里时就已经心力交瘁。在来拘尸那迦城的途中，释迦牟尼接受了金银匠淳陀供养的旃檀茸，吃了以后就生病了。

释迦牟尼打起精神继续走，到拘尸那迦城郊外时忽然感到腹痛如绞，就对他的十大弟子之一，堂弟阿难说："你把我的袈裟叠成四折铺在地上，我想坐下来休息。"然后释迦牟尼又想要喝水。稍微休息一阵后，他又勉强走到尼连禅河边，告诉阿难他要到对岸末罗族人游乐的娑罗林去。

日暮时分，释迦牟尼和弟子来到了那片娑罗林，弟子们遵照他的意思在娑罗林准备好卧床，把枕头放在北边。释迦牟尼说："我很累，我要休息。"然后就静静地躺下，身体朝西侧卧，右膀在下，右手垫住头部，左手放在左大腿上，两脚相叠，就这样再也没起来。他说的最后一句话是："人世间所有事务都是坏法，不可放逸。努力精进吧！"

释迦牟尼涅槃的地方有阿育王建的塔，塔旁建有伽蓝，里面有佛祖横卧涅槃像，此外，释迦牟尼涅槃的事迹也都被刻在了一根石柱上，可是偏偏没有刻上年月日。

玄奘在娑罗林中来回地走，发现四棵长得特别高大的树。据说那里就是佛陀寂灭之处，回想过去的历史，玄奘感慨良深！

释迦牟尼涅槃的七天之后，遗体就在拘尸那迦城国城北河边"荼毗"（梵语之火葬）。随后摩揭陀、吠舍厘、迦毗罗和拘尸那迦城等八个国家，均争相要求供奉其遗骨，最后在一位婆罗门的仲裁下，佛骨由八个国家平均分配，这就是"佛骨八分"的典故。

当年释迦牟尼在尼连禅河河畔的菩提树下顿悟成佛，就下定决心要把他悟出的道理传给世人，他首先想到的有两个人，但这两个人当时都已经去世，最后他想到了在他苦修时曾经追随过自己的五个人，经打听知道他们在鹿野苑。

释迦牟尼走了几百里路，终于到了鹿野苑，起初那五人对释迦牟尼的教义抱着怀疑的态度，他们认为佛陀在苦修六年之后放弃了苦修是一种堕落。后来佛陀循循善诱，使那五个人认真思考他的话，他们才知道释迦牟尼不但没有堕落，而且已经提升到无上的境界，从此，释迦牟尼的弟子与日俱增，很快就增加到了六十多人。

这就是佛教弟子们津津乐道的佛陀于鹿野苑之初转法轮。之所以叫转法轮，是因为佛之说法，能破除众生一切邪惑之见，佛陀运转心中清净妙法以度（救济）众生，所以喻之为法轮。

玄奘在那里看到了一些遗迹，有阿育王所建的高一百多尺的佛塔，也有一根高七十多尺的石柱。石柱所在地就是佛陀最初转法轮的场所。另外有一个大寺庙，里面有僧侣一千五百人，寺院内有铜制佛像，完全按真人大小铸成，雕刻的是有关转法轮的情景。寺外石阶上有一百多座佛宠（安置佛像的柜橱），每个宠内都有金佛像。西面是佛陀入浴的水池，洗器皿、洗衣服的池塘等设施一应俱全，每个池都设有神龙守护。

由鹿野苑沿恒河向东行三百里到战主国，这个国家里也供有佛陀的舍利。"佛骨八分"之后，剩下的佛陀舍利就由那位仲裁"佛骨八分"的婆罗门带回了战主国，战主国特地建塔来供奉。

从战主国东北渡恒河，走一百四十五里就进入了吠舍厘国，位置大致在今印度东北靠近尼泊尔的摩沙法坡一带。这里盛产芒果、香蕉。释迦牟尼生前常来这里说法，所谓"法"，就是一切事物与道理之通称，梵语叫"达摩"。因为一切事理都有自体，具有规则，所以都称之为"法"。释迦牟尼最后在娑罗林涅槃之前，就是由吠舍厘出发，打算继续他的说法传道之旅的。

玄奘来时，这里的都城已经被废弃了。原有的一百多座佛寺大部分都已倾颓，树林形迹全无，池水干涸。幸好还有不少圣迹存留，例如为纪念佛陀讲《维摩经》而修建的佛塔，佛陀对阿难说"这是我最后一次看吠舍厘"的地点等。至于吠舍厘国供奉佛祖舍利的佛塔，玄奘似乎并没有看到，因为他的弟子所著《三藏法师传》中没有相关的记载。玄奘曾经感叹吠舍厘国只剩朽木残株可供怀念，而今天，它的遗址几乎已无法辨认，就这样消失在了历史的烟尘中了，仿佛果真如佛陀所言，一切都是一场空虚的幻象。

玄奘的下一站是摩揭陀国。但当他来到恒河渡头时，面对这千古不断的滔滔江水，他想起了佛陀十大弟子中的阿难之死。阿难是初期佛教教团的领导者之一，有一天，已经年老的阿难在摩揭陀国的树林内偶然遇到一位僧人。那位僧侣正在边走边念经文，不过他念的经文错误连篇。阿难是释迦牟尼的堂弟，直接受业于佛陀，佛陀涅槃后，就由他向弟子们口诵经文，这些经文才得以传之后世，所以阿难在当时是佛学权威。当他发现那位僧侣念错了的时候，连忙热心地跟上前去加以指正。不料这位僧侣不但不领情，反而大笑说：

"大德，您已经老啦！"说完就不再理睬阿难，径自走开了。阿难很失望，感到与这种冥顽不化的人一起生活在世上是一件毫无意义的事情，于是万念俱灰，想要自求了断，早登彼岸。他打算先到吠舍厘去，这个消息很快传到了吠舍厘和摩揭陀两国的国王那里，纷纷跑出来寻找阿难。当阿难要渡过恒河的时候，摩揭陀国王怕失去高僧，率兵在后面追赶，吠舍厘的国王则派兵在北岸迎候，阿难一时间百感交集，生怕挑起两国冲突，索性就在船开到河中央时结束了自己的生命。两军见状都为之恸哭，阿难的遗骨由两国各分一半供奉。

阿难，是梵语"阿难陀"的简称，有欢喜、庆喜的意思。他的父亲斛饭王是净饭王的弟弟，阿难出生后斛饭王派使者向净饭王报喜，净饭王听后很高兴，就给孩子取名为欢喜，即阿难陀。

菩提树下的痛哭

玄奘一行登上了岸，进入了那烂陀寺。这里可以说是玄奘来印度的主要目的地，这里的人都很崇尚学术，礼圣敬贤。境内有僧侣万余，寺院五十多座，是当时为数不多的几个盛行佛教的地方，大乘佛教是摩揭陀的主要流派。在由玄奘所述、弟子辩机编著的《大唐西域记》中，记载的国家一共是一百三十八个，而摩揭陀一国就占用了第八卷和第九卷两卷的篇幅，那里的圣迹之多由此可见一斑。摩揭陀国的重要性还在于这里曾经是阿育王的都城，这个孔雀王朝伟大的护教者使佛教的影响逐渐扩大。同时释迦牟尼也是在这里深入禅定，降伏诸魔，看破生老病死痛苦之本原，最终得大解脱而成正觉，可说是佛教生命的起源地。

孔雀王朝的开国君主旃陀罗笈多本是摩揭陀国的武士，他打败了亚历山大大帝派驻在北印度的菲利普斯将军，将希腊军逐出印度，占据今印度西北印巴交界的旁遮普省一带，然后又挥军南下攻占了摩揭陀国，于公元前 322 年建立起一个庞大的帝国，以摩揭陀国为重心。

玄奘在摩揭陀国参观了三处故都遗迹，其中两个是释迦牟尼时代，频婆裟罗王的王舍城与稍后的新王台城；还有就是阿育王的新都波咤釐子城。玄奘最先参观的是波咤釐子城，其余两城则是玄奘安顿在了那烂陀寺以后去的。

早在释迦牟尼在世的时代，摩揭陀政府就打算把波咤厘子城建设为军事重镇，佛陀曾预言了它的繁荣，两个世纪以后，阿育王由王舍城迁都至此，应验了佛陀的预言。阿育王在此号令全国，并将此地作为佛教的传教中心。但经过八九个世纪岁月的消磨，这里已成一堆废墟。

旧城的北方就是恒河，岸边有高达数十尺的石柱。这里是令人谈之色变的"地狱"的遗址。起初阿育王仍是一个暴君的时候，曾在这里施行过各种惨不忍睹的酷刑。不过后来阿育王一心归佛，就废除了那些酷刑。如今它已变成一个有千户人口的大城，玄奘在这里停留七天，参观了一座供有释迦牟尼舍利的佛塔，据说是阿育王所建八万四千座塔之一。虽说这个数字有些夸大，但玄奘一路走来，几乎处处都可以见到阿育王所建的佛塔，可想而知阿育王所建的佛塔数目还是相当惊人的。那里的一所寺院内有一个足迹状的石头，长一尺八寸，宽六寸，叫做"佛脚印"。据说释迦牟尼生前最后一次游化，从吠舍厘走到此处，向阿难说："这里是我最后一次眺望金刚座和王舍城的地方。"说这话时，他正好踩在恒河边一个方形的大石头上，于是此处就变成了"佛脚印"这个圣迹。

在波咤厘子故城东南，有阿育王所建的著名的鸡园寺残迹，寺旁有一座宝塔叫阿摩落迦塔。阿摩落迦是一种印度的药用果名，晚年的阿育王在这里发生过很多故事。年轻时所向披靡的阿育王，到了晚年却没能避免政权为权臣所把持，连对僧侣的布施也无法做主。有一天饭后，阿育王若有所思地把弄手中吃剩的阿摩落迦，不知不觉把一颗果子弄坏了一半，不禁触景生情，感慨万千，自己虽贵为君主，风光一世，最后却只能掌握半个阿摩落迦！于是就把那半个阿摩落迦施舍给鸡园寺的僧侣，僧侣们把它放在粥中食用，把剩下的果核视同至宝，特为建塔供奉。可见阿育王在佛教弟子中人缘很好，他为佛教所奉献的心力，还是获得了大家的衷心感激的。

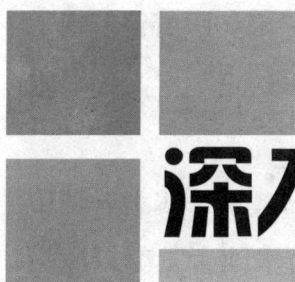

深入研究

佛学研究中心

那烂陀寺住持派四名高僧前来迎接，玄奘跟着他们走了大约一百里，终于来到了那烂陀寺。"那烂陀"本义为"施无厌"。

传说那烂陀寺的南面有个芒果林，林中有个水池，池中有条名叫那烂陀的龙，因寺庙建在这个水池旁，就以此为名。释迦牟尼涅槃以后，连续六代的摩揭陀国王都在此兴建寺庙，最后在外围砌成一道大砖墙，把所有寺庙围起来，成为大伽蓝。伽蓝设有一座总门，内部分成八院，各院均拥有自己的庭园。整个建筑看来鳞次栉比、错落有致，园中景致很美，有树木，有流水，围墙外是芒果林，规模宏大，建筑美轮美奂，印度数以万计的伽蓝无一可以比拟。

那烂陀寺就相当于一个完整的佛教大学，以大乘佛典为主，兼有小乘佛教的课程，寺中僧侣在一万人左右。除佛教经典之外，僧人们还兼修《吠陀》古典经文及因明学、声明学、医药以及数学等课程。

当时摩揭陀国的统治者就是曲女城的戒日王，戒日王大力支持佛教，所以那烂陀寺的经费来源稳定，戒日王曾下令以一百邑，也就是两万户人家为那烂陀的封邑，这两万户人家每天进奉的米、乳酪和牛奶多达几百石。

生活条件丰裕，僧侣们就可以专心研读，所以那烂陀从四五世纪以来就是印度的佛学研究中心，培养出了大批大师，例如掀起印度空宗、有宗大辩论的清辩论师与护法论师，以及护法之传人戒贤大师、智光大师。

寺内的高僧大德都能严守戒律，自兴建七百多年以来，还不曾发生过违犯寺规之事，这是寺内僧侣最感骄傲的一点。那烂陀的寺规严格，第一原则就是绝对不准僧侣们有任何藏私，每个人住的僧房都只装一扇很高的门，没有门帘，相互间可以看得很清楚。一旦有事，就集合全体上万僧侣一起讨论，场面很是壮观。据说遇有重大事件，需要僧侣一一表决，只要一人不赞同，则事不得成。管钱粮的，哪怕是私取半升之粟，就会被毫不留情地逐出寺院。那烂陀寺僧侣不受政府管理，一般人民必须入王籍，僧侣则不列入，犯寺规的人要交由僧众大会议处。

那烂陀寺在当时很有社会地位，这是一所伟大的佛教大学，是印度当时的佛学研究中心，所以也正是玄奘万里跋涉而来的目的地。玄奘随四位高僧先到了寺外庄园，据说这里是佛陀十大弟子中，神通第一的目连降生之地，玄奘被安排先在此进餐并略作休息。

刚刚要休息的玄奘突然听到屋外人声嘈杂，原来有两百

那烂陀寺

多名僧侣，率领一千多位善男信女朝这边走来，有的手捧鲜花香火，有的撑着幢幡，浩浩荡荡地来到庄园欢迎玄奘。玄奘就在一大群人的簇拥下进入了那烂陀寺。

寺中主要的僧侣们早就集合在一起等候玄奘的到来，他们将玄奘请到上座。庄严的钟声响过之后，有僧人宣布说："从现在开始，玄奘就在本寺住下，本寺一切佛具、器物，可任由使用。"然后又有二十位通晓经律、仪表端庄的青年僧侣陪同玄奘去拜见那烂陀寺的首席大德正法藏。正法藏就是戒贤大师，据说他当时已经一百多岁了，僧侣们因为尊敬他，不敢直呼其名号，所以就以"正法藏"称之。

玄奘恭敬地走到戒贤前方，以手肘和足膝着地，匍匐而行到戒贤跟前。这是印度最高的敬礼，一番寒暄之后，戒贤让玄奘和高僧们一同坐下。

"你从哪里来？"戒贤问他。

"我从遥远的东土大唐而来，目的是要来向大师学习《瑜伽师地论》，以便在东土弘扬佛法。"戒贤就是研究《瑜伽师地论》的权威，玄奘自认为据实以告，没什么出奇之处，他万万没料到，戒贤听了他的话竟然老泪纵横。发现玄奘一脸的困惑，戒贤就把他的弟子，也是他的侄儿觉贤叫来，这是个博学且健谈的七十多岁的老人，戒贤要他当众把自己三年前患病的经过向玄奘说明。

"正法藏本来就患风湿症，每次发作起来都痛苦难当，三年前的发病尤为严重，痛到使他不想活下去，于是正法藏打算绝食了断。他有了这个念头以后，忽然梦见三位天人来找他，一人为金黄色，一人为碧绿色，另一人为银白色，每个人都风采不凡。他们对正法藏说：'经典里虽有苦修的说法，但绝没有教人自绝生命的地方。要知道今世之果乃前世之因，你现在受这种苦头，必是源于你上辈子造的孽。为今之计应该好好忍耐，尽力弘扬经论，以抵消你过去的罪孽，这样才能避免来世遭受同样的痛苦。'正法藏听了连忙向他们膜拜。这时金黄色人指着碧绿色人对正法藏说：'这位就是观世音菩萨。'接着指着银白色人说：'这位就是慈氏菩萨。'，正法藏就向慈氏菩萨说：'我一直希望来世能转生到菩萨身边，不知可不可能？'慈氏菩萨回答说：'只要你能全力弘扬佛法，来世就可以实现愿望。'通过金黄色人的自我介绍，正法藏知道他就是文殊菩萨，文殊菩萨对他说：'我知道你要自绝，所以特地赶来劝你，只要你能把《瑜伽师地论》传扬到还没看到这部经法的地方去，你身体上的病痛自然就会痊愈。'接着他又说：'你不必主动派人去宣扬，很快就会有一位支那高僧来这里向你求教，他会把《瑜伽师地论》带回去并发扬光大。你一定要等他教他！'然后三位天人就不见了踪影，正法藏从梦中醒来，不可思议的事情就发生了，从那天以后，他的风湿病就完全好了。"

众僧听了觉贤的话都啧啧称奇，玄奘更是悲喜交集，说："如果真是这样，弟子必定竭尽心智，努力学习《瑜伽师地论》。"

戒贤若有所思地问："你来到摩揭陀，从出发到现在一共花了多少时间？"

玄奘屈指一算，从贞观元年秋天从长安出发，到现在贞观三年秋，正好满三年，而戒贤的那场梦，也正是发生在三年前，这些时空的吻合，使他们越发相信彼此间的缘分实属天意。玄奘又想起了沿途的见闻，想到佛教在印度即将沦灭的景象，自己在菩提树下的悲痛心情，偏偏在这种时候，菩萨托梦要求印度大师等他前来受教，玄奘很自然地联想到，难道佛陀的意思是要他把印度的佛学遗产全部宣扬到中国去？玄奘突然生出一种庄严的使命感，这也许就是使他后来成为承前启后、沟通印度与中国佛学的桥梁的原动力吧。

从戒贤大师那里离开后，玄奘来到了寺中的幼日王院，住在第四重阁，七天后又被安置在专供多闻大德住宿的上房，位于原供戒贤之师护法菩萨住的房间之北。那烂陀寺每天都拨给他很多用品，包括担步罗果一百二十个、槟榔二十个、豆蔻二十颗、龙脑香一两、供大人米一升。这种米是摩揭陀的特产，比黑豆还大，用它做米饭既香且鲜，其他任何一种米都没法和它相比，由于只供国王和最有成就的大德食用，所以得名。

玄奘每个月还可以享用油三斗，酥乳等则按实际需要提供。寺里还分给玄奘一名净人（侍奉僧人的俗人）、一名婆罗门以供差遣。玄奘无须做一切僧侣的杂务，出门可坐象车。玄奘所享受的待遇，在整个那烂陀寺中，只有十个人可以享受得到。只身远游的玄奘能获得如此礼遇，是件很难得的事，不过玄奘的成就也确实配得上这些待遇。在整个那烂陀寺，精通经论二十部的有一千人，精通三十部的有五十人，而精通五十部以上的却只有十人，玄奘就是其中之一。

玄奘在游览各地圣迹的途中被四名高僧接到了那烂陀寺，他意犹未尽，在寺中将一切都安顿好以后就迫不及待四处寻"迹"朝拜。由于不是远游，不用为生计发愁，玄奘这一次能够看得特别仔细，这也是在《大唐西域记》中，仅摩揭陀国就占去八九两卷篇幅的原因之一。

此地圣迹多达百余处，其中让玄奘最感兴趣的，就是属王舍城的部分。王舍城有新旧之分，旧王舍城，因盛产上好香茅，所以叫"上茅宫城"，城的形状是东西长而南北短，群山环绕，东北是释迦牟尼曾居住过的鹫峰山，峰山多栖鹫鸟，故名鹫峰，释迦牟尼曾在此讲《法华经》等，佛家视此山为圣地，中国有不少山即以此为名。山上有释迦牟尼真人大小的雕像。为了要上山听释迦牟尼说法，王舍城的频毗娑罗王特地在此打造了石阶。释迦牟尼在此山度过很长的时间。

玄奘到达时，还有一些砖造的房子，是曾经的竹林精舍的遗迹。东边有供奉佛祖舍利的佛塔，阿难的一半遗骨也供在此处。

南面是毗婆罗山，山北有石屋名为"七叶窟"，在这里曾发生过一件对佛教影响很大的事情。佛陀于娑罗林涅槃时，他的大弟子大迦叶正在同一条路上游化，在快到拘尸那迦城国的时候，大迦叶从一个婆罗门的口中得知佛陀圆寂的消息，整个教团中的比丘们都很震惊，有痛不欲生的，也有静坐默念无常的，只有一位老年才出家的老比丘出人意料地说："比丘们！莫忧愁，莫悲叹，我们现在可以脱离那个大沙门而获得自由了，从现在起我们可以随心所欲了！"

大家只是沉默，没有人理会这位老比丘的话，但身为十大弟子之首的大迦叶，却在这些话中获得启示，心中保持警惕，一处理完佛陀的遗骨，他就和同门弟子们商量道："我们眼前的第一件大事，就是设法用最快速度，把佛陀遗留下来的教法和戒律结集起来。否则恐怕很快就会有非法、非律的人起来压制遵守佛陀正法、正律的人。我们必须先发制人，在这种状况尚未发生之前完成结集!"

这个建议很快地获得比丘们的赞同,大家决定到七叶窟集合,无数的僧众赶到那里,大迦叶将各人了解佛法的程度作为标准,最后淘汰了很多人,剩下九百九十九人。

他们结集的方法可称之为"合诵",大家选出一位比丘站在众僧中央,这个比丘必须是熟知某一部分佛陀说过的法或戒律,由他回想佛陀所说的话,然后与会的比丘们进行鉴定。如果大家一致认同,或修改后经过大家的认可,则众人就继续研究推敲,把它整合为一定的内容,最后所有人重新合诵一次或多次。这样一来,与会者就能熟记佛陀说过的法。这是一种记诵时代的编集方式,史称"第一次结集",而七叶窟作为第一次结集的场所,自然有着非同寻常的纪念意义。这些被传诵的经文和律文不久就被以正式的文字记录下来,成为后世所见的最初的佛典。

那次站在中央担任口诵的人就是被佛陀赞为"多闻第一"的阿难,他背诵了佛陀的教法,即"经"的部分。戒律的部分,则由"持戒第一"的优婆离负责背诵。这次的结集总共历时三个月,相当于是佛教的第一次宗教会议。

除了这个以大迦叶为首的宗教会议以外,那些被大迦叶淘汰的僧侣们心有不甘,就在离七叶窟一二十里处的地方举行了一个同性质的结集会议,那里的结集工作也聚集了数千人,他们的成果也得以留传后世,被称之为大众部结集。而以大迦叶为首的僧侣结集的经律,因为以大迦叶居上座,所以称为上座部结集。

从旧王舍城出来，玄奘一直往东北走，就到了新王舍城，也就是后人所称的王舍城。在玄奘西行的时代，那里的外城郭已毁，但是内城还在。关于这个城的兴建，还有一些传说。

相传频毗娑罗王在旧王舍城的时候城内十分繁荣，人口众多，考虑到民房紧密相连，稍一不小心就可能酿成火灾，所以国王下令凡是被查明放火的人，就得被放逐到城外的寒林。寒林是个弃置死尸的场所。这个处罚算是相当严厉了。

不料有一天王宫失火，国王觉得自己既然是王宫的主人，就应当负起责任，于是就指派太子代理政务，自己跑到寒林里住帐篷。相邻的吠舍厘国王听到消息后认为这是个千载难逢的好机会，想要在此时发动战争，于是下令立刻备战。消息很快传到摩揭陀国来，国王无奈之下就在寒林附近就地筑城，有人说之所以新城叫做"王舍城"，就是因为王住在此处。后来他的儿子干脆就迁都于此，直到阿育王把这个城赠给婆罗门，自己则迁到波咤厘子城，这个新王舍城中已经住有千户的婆罗门，城郭已倒塌，几乎无迹可寻。

广泛学习

玄奘巡礼完遗迹后复归那烂陀寺，听戒贤大师讲《瑜伽师地论》。虽然那烂陀寺每天开的讲座有一百多，但众人一听说这位一百多岁的当代大师，护法大师的传人，要开讲这门庞大而精深的大论典课程，都感到兴奋不已，佛教人士奔走相告，开讲当天人头攒动，盛况空前。

开讲第一天还发生了一段小插曲。当戒贤在静穆的气氛中上台坐定，刚刚把题目讲出时，一位婆罗门突然放声大哭，然后又是笑又是哭，形似疯癫。戒贤忙派人问他是怎么回事，他告诉在场的人自己来自东印度，有一次在观世音菩萨前许愿，希望将来能做国王。没想到菩萨告诉他，某年某月的某一天，那烂陀寺的戒贤法师，将会为一位从支那来的高僧开讲《瑜伽师地论》，听了之后就能悟佛法而见到佛陀，能有这样的好运，又何必想当什么国王呢？那位婆罗门激动地说："现在那位支那高僧来了，大师您就为他开讲《瑜伽师地论》，菩萨所说的话竟然完全成为现实了，我就情不自禁地想要哭了。"

戒贤听后并没有表示什么，认真地讲解了《瑜伽师地论》，整个课程为期十五个月，课程结束后，戒贤特地派人带这位婆罗门去见戒日王，戒日王觉得这是个很奇特的人，便赐给他三邑的封地。

日子不知不觉地过了五年，玄奘在这种稳定的环境中学习，日子过得十分充实。这五年是他学经的高潮期，为他日后回国从事译经事业打下了坚实的基础。

佛教将一切学问归纳为内学与外学两大类。佛教本身的学说叫"内学"，佛教以外的所有学说被统称为"外学"，这是一个很简单的分类法。但古印度还有一种各派学者通用的学科分类法，叫做"五明"，简单来说，就是五种学问或知识，包括：一是声明，就是文法学或文字、训诂学。二是工巧明，指美术、工艺、阴阳历算等技术。三是医方明，即医学药学。四因明，指论理学或逻辑学。五是内明，即各派本身的哲学或宗教学，如佛教以三藏十二部教为内明，而《吠陀》就相当于婆罗门教的内明。内明以外的四明就是各学派的共同科目。

玄奘天生好学，加之那烂陀丰富的学习资源及优越的学习环境，很多人都推测玄奘对于五明之学应该都有所涉及，但毫无疑问的是，除了内学，玄奘最用功的学科就是因明和声明学。玄奘几乎把这两门学问当成是治学的基本工具。

玄奘对中国佛教的贡献，和他在印度时对声明学的研究是分不开的。玄奘回国后的十九年里专注于译经的工作，翻译的经典合计七十五部，共一千三百三十五卷，平均一年译出七十卷，这样的速度和工作量在整个译经史上都是空前绝后的。他所翻译的佛典，大、小乘均有，如果不是精通梵文和其他印度语言，是肯定没办法完成这些工作的。玄奘不但译得多，而且译得好，很多作品被誉为是最有价值的译经作品。

声明学主要是指印度语文和文法之学，玄奘主要研究的是梵文，讲述印度古梵文最早的书相传是大梵天王所著，是印度古今文字的本源。经过了多年的发展，南北方各自有了自己的文字。北方流行的大多是方形文字，南方流行的大多是圆形文字。这本梵文中叙述的文法，包含词类变化、语尾变化等很多内容，是玄奘学习梵文的主要教材。声明学对于翻译经典有很大的作用，从玄奘所译佛典的种类之多上就可看出，他在声明学上是下过苦工的。《大唐西域记》中对于印度语的描述是"因地随人，微有改变，语其大较，未异本源"，在这里玄奘主要想要表达的意思是那里的方言繁杂，尽管如此，玄奘对于这些复杂的语言也有了系统的认识，这是相当不容易的。据说在那烂陀寺，戒贤大师共为他讲解过两遍声明。

除了声明学，玄奘也显示出了在因明学上的不凡造诣。声明是对语文工具的研究，而因明则是关于思想方法的研究，也可说是运用语文的方法。因明学与唯识学同为佛教学理上最烦琐、最难研究的学问。不过，因明属各派共有的学科，是各派学科思想理论的基础和与敌派论辩时求胜的工具。

佛教真正普遍地运用因明学，是唯识学开始发展以后的事。此一名称最先在佛教论典中出现，是在《瑜伽师地论》中，作为中国唯识宗之祖的玄奘，对因明学不是一般的重视。自从因明在佛教中被广泛运用后，这门原本属于佛教之外学的学科，变成了佛教内学的重要内容，提出的理论都遵循因明学的原则。对因明学贡献最大的就是世亲菩萨的弟子，南印度人陈那大师。

陈那大师有一些关于因明的著作，其中以《因明正理门论》《集量论》最为著名，戒贤大师为玄奘讲了两遍他的经典。后来玄奘回国后，把《因明正理门论》及陈那弟子天主所著的《因明入正理论》都翻译成了中文以供世人参考。

大乘与小乘

除了声明、因明以外，玄奘还学习了许多其他的知识，把其他学派的内明也变为自己的外学，如婆罗门的《吠陀》中的古哲学，以及当时流行于印度的各派哲学等。不过真正使玄奘被称为大师的，还是其在佛教本身的内明方面的造诣。玄奘颇具一代宗师的气概，因为他是当时少有的大、小乘兼修的人，我们先了解一下什么是大乘和小乘。

就字义而言，"乘"就是四匹马拉的车，在这里它的意义是指运载众生，使各人到各人应该在的果地，果地就是修道以后所到达的境地。"大乘"就是指大车子，"小乘"就是小车子的意思。最初的佛教是小乘教，大乘佛教是后来逐渐发展而成的。就其宗旨而言，小乘教主要在于求个人获得涅槃，从人生的痛苦中解脱，所以说它是一部小车子；而大乘教则更为包容，由小我而趋于大我，求全人类（甚至所有生物）的涅槃。他们甚至自愿不入涅槃境界，跳入轮回当中，以便在人世间普度众生。

以上是就它们所追求的理想而言，然而要是从形式和某部分宗教的内涵而论，大乘教却不符合当初佛陀的革命精神。最初的佛教徒，尊佛陀为伟大的教师而不是神明。他们采用新兴的方言作为传教的语言，而不用被视为神语的梵文。佛教教义是简单的教义，是为超脱原婆罗门教烦琐的神权思想及制度而产生的无神主义，它的教义大体不出四谛、八正道的范围。但是后来佛教逐渐受到婆罗门教的影响，出现了大乘佛教，因为这是一个自然演变的过程，所以也很难确定大乘佛教出现在什么时候。至于演变的原因，可能是为了传教方便，为了与婆罗门教竞争，也可能是本身的理论发生了变化。胡适曾经说过："大乘只是一部更大的车子。佛教传播既远，异义增加了，原来的小车子装不下了，不能不别寻一部更大的垃圾马车……印度教化的倾向，把原来佛教革命的精神完全毁灭了，咒术等一律回来，遂成一部无所不容的垃圾马车。"不过这种变化的结果，就是让佛教更适合于上流社会的印度人，以及印度以外的各民族，最终得以广泛的传播。

从另一个角度看，"乘"是由文法学家以古老的雅利安语为基础发明的梵文形式。佛教运动方言巴利文在北印度兴起处于同时期，所以最早的佛教的"乘"是以古老的巴利文形式表现的，也就是后来所称的"小乘"。后来佛教逐渐被婆罗门化，最终放弃了巴利文，恢复到了古梵文而成为"大乘"，这个语文的变化很自然地又使婆罗门原有的思想、烦琐的仪式等"垃圾"重新复苏。

很难确定发生这种转化的时间，但其第一个高潮，有一种说法是发生在贵霜王朝的迦腻色迦王在位期间，因为迦腻色迦王在二世纪初在克什米尔组织了第四次结集，那次宗教大会共集合了近五百名佛教学者，他们聚在一起编纂佛典，重加注释，也就是在那时，他们宣布了佛陀具有神性，身边围绕着一群天神和圣者。他们采用了瑜伽思想，最后颁行了一套梵文佛典。据说组织这次大会的目的就是要利用婆罗门的有神论以及修行方法，使佛陀的教义能够更容易被大众接受，更能适于他统治下的西域各民族。

有人说玄奘主修大乘，就相当于开了倒车，其实不然。这只是就其形式和某部分宗教内涵而言的。从某种程度上来说，大乘教使佛陀神化及随之而来的种种宗教仪典，这些以宗教立场而言，不但不是开倒车，而且还是一种修正。

掀掉宗教的外衣，再看大、小乘的内容之间的不同之处，会发现大乘的哲学境界还是比较高的。有一本佛学教本这样说："佛法无所谓小乘大乘，因为这不过就是时间的先后问题而已。佛门行者，在初期都是小乘，到了后期就都是大乘了。"又有人说："小乘圣者的一根毫毛，吾人都搬不动，终日妄念纷纭，贪痴充满，还敢大言不惭地自称大乘，对于小乘教理鄙夷不屑，岂不可怜可笑！"对于大乘和小乘有过详细论述的胡适说过："其实这七项（大乘教的特色）在小乘经典里都已有了种子，无一不是逐渐从小乘演变出来的。……大乘遂成一部无所不容的垃圾马车……但大乘教自有它的伟大精神……它那些伟大的经典，思想与文学都远胜于初期佛教，所以才能在佛教史上开创一个新时代。"

总而言之，大乘是原始小乘披上宗教外衣，加载仪式的大车子，同时也使原始的小乘胸襟再扩大，哲学境界也随之提升。

大乘佛教和小乘佛教都有自己的圣典。玄奘游学期间，学过的小乘佛教的经典包括《婆娑》《六足》《俱舍》《顺正理论》等，大乘论典有《瑜伽》《显扬论》《中论》《百论》等。其中戒贤大师为他讲解三遍的经典有《瑜伽师地论》《中论》《百论》，讲解一遍的有《显扬论》和《顺正理论》。其他戒贤没有讲过的，有些是玄奘早已学过，有些则是在别的地方学的。至此，玄奘已经算是内外学兼修、大小乘皆通的大师了。所以有人说玄奘的学说不是大乘，也不是小乘，而是中乘。关于"中乘"的说法源于二世纪的龙猛，其立论重点在"空"与"不空"之间，既不承认万象皆实，也不认为万象皆虚。玄奘所创的法相宗，算是中乘的一个流派。而梁启超把玄奘所创的法相宗归类在小乘教与大乘教之间的"权大乘教"，认为它是偏向于大乘佛教的，所以也有人把它列于大乘教一派。

大乘佛教是玄奘皈依的宗教，是让玄奘不由自主地在菩提树下痛哭的信仰。大乘教在印度的影响最终超过了小乘教，它虽然曾使佛教在印度风光过一阵，但佛教衰微的主要原因，还是由于它接受了太多婆罗门的东西，使佛教和婆罗门教之间的差别越来越小，在这种情形之下，不用佛教中"无常"的道理来解释，单由事实也可以预知佛教在印度沦于灭亡的最终结果。在佛教和婆罗门教之间的差别很小的情况下，自然是根基较深的那一个更容易吸引大众；加上婆罗门教又有稳定和充足的经济来源，在政治上也不乏有力的支持，所以最终能够战胜佛教。婆罗门教可以说是个相对宽容的宗教，从来没有采取过激烈的手段去打压和消灭佛教，却以"兄弟的拥抱"同化进而毁灭了佛教。这一点恐怕当年的玄奘并没有想明白。当他看到观世音菩萨像半身入土的景象，想起了佛教灭亡的预言之后，反而产生了更强烈的使命感，想要通过传播佛典、翻译佛典，用梁启超的话说，就是将印度佛学"千余年之心传，尽归于中国"，也算是他为了挽救佛教的颓势而尽的最大努力了。

印度游记

离开那烂陀

　　玄奘到那烂陀寺的第一年，曾经很严重的关中饥荒已经过去了，两年的蝗灾和三年的水灾也都已经结束，灾民各归乡里，田地开始丰收，国内秩序也渐渐恢复并臻于完善，已经到了"外户不闭"的地步。同年，大唐出兵远征，灭亡了东突厥，唐太宗被四夷奉为"天可汗"，日本也开始派遣使者到大唐学习。那时候的世界局势也发生了很大的变化，在印度洋的西岸，穆罕默德攻克麦加，称霸阿拉伯。第二年，朝鲜半岛的新罗及今越南顺化一带的国家到长安入贡。第三年，穆罕默德去世。第五年，吐蕃弃宗弄赞也遣使入长安朝贡。

　　在东方迅速崛起的大唐帝国似乎在呼唤玄奘的归来，当年因为政治尚未安定，国内外情势不稳，故而玄奘的出国申请没有获得批准，如今唐王朝已经成为了当时世界上数一数二的强国，玄奘可以安全地回去了。但他已被求知的热情主宰，仍然毫无归意。倒是戒贤大师开始为他着急起来，因为他曾经答应慈氏菩萨要尽全力弘扬正法，于是对玄奘说："我老了，本应退休，但看你不顾生命而来求法，精神可嘉，我才不辞朽老，尽力帮你申明佛法之奥义。不过，佛法贵在传扬，岂能独善？你这样卖力去穷究各门各派的学问，我真担心你会失去弘扬佛法的机缘。再说，知识和佛法是无穷尽的，你不可能样样精通。人命无常，有如朝露，你赶紧回去吧！"说完就命人为玄奘准备经论、佛典带回中国。玄奘想了想，觉得戒贤大师的话有道理，于是说："恩师说得极是，不过弟子当年与高昌王有约定，要循原路回去。而东、南、西印度我还没去过，我打算遍巡东、南、西部诸国，然后再北向归国。"玄奘千里迢迢赶来印度，旅途充满了艰辛和危险，也许是珍惜这一次艰难的旅行，玄奘想要尽可能地多学一些东西，才能不负自己走过的这么远的道路。于是，他又展开了又一次旅行——深入印度各地，包括黑人土著居住的南印度在内。

玄奘首先来到了伊烂拏钵伐多国。该国位于恒河下游，摩揭陀之东，大致在今天印度比哈尔邦芝吉尔地区。

途中玄奘先到迦布德迦寺参观一番，寺南有一座小山，茂密的树林间时不时可见一条小溪潺潺流淌，山上缤纷的花草之间建有几间精舍。精舍中供着一尊白檀木雕刻的观世音菩萨，手持莲花，每天都有很多人前来膜拜求愿，据说非常灵验。为了怕群众干扰了菩萨的清净，周围七步处设有一圈铁栏杆。于是新的许愿方式就产生了，善男信女们从栏杆外向菩萨掷花，以花的着落点来进行占卜，预测吉凶，如果落在菩萨像的手上或臂上则是最吉利的征兆，表示许愿均可达成。

玄奘有许多愿望想向菩萨请求，也去买了鲜花，编成三个花环，然后到菩萨面前虔诚地许下三个愿望：一愿学成之后平安归国，若得菩萨保佑，则花落在手上。二希望能以一生修行，得转生睹史多宫，服侍慈氏菩萨，此愿若得菩萨允许，则花落在手臂上。三希望菩萨给予指示，佛典说众生中有"无佛性"者，玄奘不知有否，若有而且能修行成佛，则花落菩萨颈上。

　　许完愿，玄奘就将花环对着菩萨的手、臂、颈三个部位掷去，结果全部掷中，玄奘很高兴，这就表示他的三个愿望都可圆满达成。众人看了都拍手叫好，围拢过来向他道贺，并把他当菩萨似的央求："这真是前所未有的大吉祥，请您在来日成道后，莫忘今日在此相聚的缘分，还请您引导我们到彼岸。"

　　离开迦布德迦寺，玄奘渡过了恒河，来到南岸，然后走三百多里到达伊烂拏钵伐多国，玄奘在那里住了一年。伊烂拏钵伐多国有寺院十多所，僧侣四千多名，多数信奉小乘教。最有名的大德是揭多毱多和师子忍，玄奘向他们再度学习《毗婆沙论》和《顺正理论》等小乘论典。该国西边有一座小山，玄奘听过那里有一个遗迹，是释迦牟尼坐过的地方。遗迹在山的东南，其实就是一块大石，上有一个长二寸、宽四尺一寸、深一寸多的遗迹。

　　一年后，玄奘从恒河南岸往东走进入瞻波国，这个国家是古印度十六国之一，《唐书》中有关于这个地方的记载，大约在今印度加尔各答东南一带。佛教在这里并不盛行，僧侣只有两百多名，主要信奉小乘教。这里有一个很久远的传说，在人们都住在洞穴中的太古时代，有一次天女下凡，来到恒河中沐浴，与水中精灵接触而生下了四个儿子，这四子就把印度四分然后各自为王，开始建造城郭，其中一个就是在瞻波国建城。

这个国家和伊烂拏钵伐多国相邻，两个国家有一个共同特色，都据有大片的森林，普通人没有胆量接近，森林中有不少凶猛的犀牛、狼、豹等猛兽，还有无数的野象群，这两国都有技术纯熟的驯象师，他们把野象训练成威猛无比的象军，在印度颇负盛名。

向东行四百余里，玄奘又到了一个叫羯朱嗢祇逻国的地方，该国在今比哈尔邦拉吉马哈尔地区。此地有僧侣三百多名，对于学术研究相当重视，不过在政治上，几个世纪以来它都是邻国的附属国。

再往东渡过恒河就到了奔那伐弹那国，该国大约在今孟加拉北部一带。那里的土地适于农耕，物产丰富，有大如冬瓜的特产水叶面包树，剥开果实，里面有几十个小果，切开小果就会流出赤黑色的味道极为鲜美的果汁。境内有二十多所寺院，三千多名僧侣，大、小乘佛教均在此盛行，这里也有阿育王建造的佛塔，相传释迦牟尼曾在那里说法。

再往东南走九百多里就是羯罗拏苏伐剌那国，也就是传说中的金耳国，它的位置今天已经很难确定了。那里有僧侣三百多名，据说释迦牟尼也曾在此说法七天，地点同样是阿育王建造的佛塔。此地的人信奉小乘教，但是很奇怪的是，他们也信奉佛陀的叛徒提婆达多。他也是释迦牟尼的堂弟，与阿难是同胞兄弟。他精通佛法，后来受到频毗娑罗王的王子阿阇世的支持，想尽办法企图取代年迈的释迦牟尼，由他来担当教团的领导人。他甚至教唆王子幽禁自己的父王频毗娑罗王而自登王位。提婆达多虽多次设计加害佛陀，但都没能得逞，听说最后被打入地狱。

此地东南方，大约在恒河三角洲一带有三摩呾咤国。这里是印度土著达罗毗荼人的聚居地之一。这里的居民皮肤黝黑，身材短小，性情极为刚烈。玄奘还听说由此地可渡海到今中南半岛的缅甸、泰国、柬埔寨、越南等佛教地区。此地信奉小乘教，所以中南半岛盛行的教派也是小乘教，而且中南半岛的佛教是经由海路传过去的。

南印度之行

玄奘由恒河三角洲一带往西南，到达了今加尔各答的西南方，那里靠近海岸，当时是属于耽摩栗底国的地方。那里是亚洲的主要港口之一，从那里可以乘船去中国或印尼。

有人告诉玄奘，由此地往西南航行两万四千里，就可到僧伽罗国，玄奘听后感到很动心。僧伽罗国就是今天的斯里兰卡，又称狮子国。之所以这个地方让玄奘感兴趣，是因为他听说僧伽罗国懂得小乘教义和《瑜伽师地论》的人相当多，于是就决定前往。玄奘觉得海路应该要比陆路快而且安全得多，所以就打算乘船前往。就在他等船的时候，无意中结识了一位来自南印度的高僧，他告诉玄奘说："如果要到僧伽罗国，最好不要从这里的海路走，因为海上常有吃人的恶魔，经常会遇到各种灾难。你可以由此处沿海岸走陆路到南印度的东南角，在那边坐船，三天以后就可到达，这样不但安全，而且可以顺便看看沿途的圣迹。"

玄奘听了他的话觉得有道理，就继续走陆路，向南出发。途中经过了一个叫乌荼国的地方，那里信奉小乘教，有伽蓝一百多所，僧侣一万多名，阿育王建的佛塔十多座，佛教很盛行，但也有不少外道邪徒。乌荼国土壤肥沃，物产丰富。那里也是达罗毗荼人分布的地区，居民身强体壮，皮肤黝黑，其方言与中印度各国全然不同，不过这些印度土著都十分好学。

玄奘在此地听说在其东南海岸有折利呾罗城，从那里可以遥望僧伽罗国高大的佛牙宝塔上的明珠，它像颗闪烁的星星。折利呾罗城是来来往往的商旅聚集之地，也是个货物集散地。

玄奘再往西南行一千二百多里，到达了今天的根遮木城附近，那里有一个恭御陀国，该国崇尚武力，不信佛教而信奉外道，那里的居民仍用贝壳、珍珠作为货币。

再往西南，经过一片大荒林，玄奘大约又走了一千五百里，就由东印度进入了南印度。他首先来到的是位于印度半岛狭长的东南地带的羯馀伽国。这里也属于达罗毗荼人聚居的地区。《大唐西域记》说此地夏季酷热，民风彪悍但热情诚实，通用的语言也与中印度不同。羯馀伽国信奉小乘佛教，僧侣有五百多名。早先这是一个人口众多的国家，但传说有人嘲笑了住在山中的"五通仙"，导致仙人大怒，用咒术使无数人死亡，后来虽陆续有各地的移民到来，人口还是很少。这个国家在佛教史上曾发生过一件相当重要而有意义的事情。据说阿育王之所以由一个残暴的君王，摇身一变而成为最伟大的护教者，原因之一就是他亲眼见到了战争的残酷，突然间幡然醒悟，明白了暴力并不是最佳的统治工具。而引发他这种醒悟的根源，一般都认为就是公元 261 年发生在羯馀伽国的一场战争，在那场血腥的战争中，被俘虏的人达到十五万，战死的人有十万，因伤病饥荒死亡的人数也多达十万。阿育王眼看双方死伤太过惨重，便开始重新审视战争的价值，最后他也许想到佛教的宽大与和平的教义，应可为他带来最好、最有利的统治方法，而皈依了佛教。

玄奘沿海岸而行，从恒河三角洲往西南进发，然而在离开羯馀伽时，他选择了进入内陆，转西北而向印度中央的德干高原进发，深入德干高原一千八百多里，来到了今印度中央位置一个叫南憍萨罗国的地方。玄奘之所以没有听之前那位印度僧人的话，选择绕道而行，很多人都推测是因为这个国家的佛学十分发达，很多佛教学者都与此地有很深的渊源，最著名的要数北印度的那位七百岁婆罗门的龙猛菩萨，著作相当多。中国佛学有影响力的各个宗派，其中三论宗、净土宗、禅宗、华严宗、真言宗等五宗，均以龙猛菩萨为印度远祖或远祖之一。

另外一位与此地渊源很深的名僧，就是龙猛之弟子提婆菩萨。这个提婆不是叛徒提婆达多，而是迦那提婆。根据梁启超的统计，他与龙猛同为三论宗的远祖，同时也是禅宗的远祖之一。"提婆"是天的意思，"迦那"指一只眼睛。据说他曾把一双眼睛施给天神，因此而得名。另外一种说法是，他曾在路上乞食，有一女子看上他的眼睛，他想借此机会使那女子发心修道，就把眼睛挖下给他。结果女子看到挖下的血迹淋漓的眼睛，觉得很不洁净，但仍是从此发心求道。提婆菩萨的著作有《百论》《四百论》等。

南憍萨罗国有僧徒万余，寺院一百多座，不过外道也不少。城南是龙猛菩萨寂灭的古伽蓝，据说就是龙猛、提婆二人成为师生的地方。龙猛正在那个伽蓝接受国王虔诚的供养，当时已经成名的提婆从僧伽罗跋山涉水而来，要求和龙猛辩论。龙猛得知后不发一语，只命弟子把一个盛满水的僧钵拿到门口给提婆。提婆一看也默不作声，在钵中投入一根针。弟子拿回来后，龙猛非常满意地说："钵中装满水是代表我的道行。提婆往水里投针，是代表他要穷究真理。这种人才是我理想的传人，是深论佛理的最好对象。"于是两人成了师生兼好友。

西南方有一座山叫黑峰山，几乎就是一个巨大的岩石。南㤭萨罗王特地命人把这座山切掉一角，用来为他所崇拜的龙猛菩萨建造佛寺。这是一个相当浩大的工程，要先在山前十多里的地方挖地道，一直挖到山下，然后往上将岩石凿成五层楼阁，每一层楼再分成四院，每院都设有精舍，精舍内供奉与真人一般大小的金佛像。山顶上的溪水由阁楼的屋檐流下，终年不息。南㤭萨罗王为了这些大工程，致使国库空虚，但等到两三百年后玄奘来到此处时，佛寺还是被废弃了，让人欷歔不已。

玄奘在此地跟随精通因明的婆罗门研究《集量论》，共花了一个月时间，可见玄奘对逻辑训练的重视程度。

离开这里以后，玄奘沿海岸线，从南㤭萨罗国往东南方向行走，经过一片大森林后，又走了九百多里，来到了一个叫安达逻国的地方，这是印度土著达罗毗荼人所建立的国家。该国在公元前三世纪左右，与羯㱂伽国以及孔雀王朝的摩揭陀国并称为印度三大国。后来安达罗国先是称臣于阿育王，随后又发展成为印度境内非常强盛的国家，仅次于西北印度大月氏人建立的贵霜王朝，不过后来该国又逐渐衰落。

由安达罗国向南走一千多里，就进入了驮那羯磔迦国，玄奘在《大唐西域记》中对于该国的描述是："土地膏腴，稼穑殷盛，荒野多，邑居少。气序（候）温暑，人貌黧黑，性猛烈，好学艺。"城东和城西有东山和西山两个大寺院，都是开凿岩石，在山崖上建造而成的。原来经常有从各地前来坐夏安居的僧侣聚集在此，但后有传言说那里住着山神，去的人就渐渐少了，过了一百多年，已经荒废殆尽了。

城南不远有一座大石山。据说在佛陀寂灭后约一千一百年，清辩大师曾在此修行三年。清辩大师与戒贤大师的老师护法大师是同时期的人，二人均属那烂陀寺的高僧，清辩大师的著作《大乘掌珍论》立"空宗"，破护法大师的"有宗"，是二宗争论的开始，玄奘回国后曾经将《大乘掌珍论》翻译成汉语。

玄奘在驮那羯磔迦国遇到了两位博学的高僧——苏部地与苏利耶。他们两人均精通大众部三藏，玄奘在此停留了数月，向他们学习《根本阿毗达磨》等论。同时他们虚心向玄奘请教，跟随玄奘学习大乘诸论，还与之结伴同行，往各处圣迹巡礼。

由此向西南千余里可到珠利耶国，那里人口稀少，居民整日一丝不挂，声称天空就是他们的衣服，但是盗匪特别多。

再往南经过一片大森林，大约行一千五百里就到了达罗毗荼国，都城建志补罗城是通往僧伽罗国的海港，由此往斯里兰卡只要三天的航行即可到达。

建志补罗城是护法大师的出生地。护法大师是该国的大臣之子，很早就看破红尘立志出家，偏偏国王爱其才，准备选他为驸马，结果他就在新婚之夜偷偷跑到城外的寺中落发为僧，护法大师的著作有《声明杂论》《广百论》《唯识论》《因明论》等几十部论典。这个国家的语言叫塔米尔文

（Tamil），由此而发展出的南印度文学，在印度文学上占有很重要的地位。境内有佛寺多座，僧侣一万余名。

正当玄奘准备由建志补罗城搭船前往僧伽罗国的时候，港口却出现了骚乱，原来有一支由三百多名来自僧伽罗国的僧侣组成的队伍，正在该国高僧觉自在云及无畏牙两人的率领下来到建志补罗城。玄奘和他们进行了一番交谈，得知僧伽罗国王驾崩，国内发生内乱，百姓陷入饥荒，僧侣们无处安身，只好逃来印度避乱。为首的高僧自负地对玄奘说："因为印度是佛陀诞生的圣地，所以我们才来此地。不过要论到精通佛法，这里的人却未必比我们高明。如果您有什么佛法方面的疑惑，尽管问我们好了。"

玄奘心想，自己之所以要去僧伽罗国，主要就是因为那里有很多人懂得小乘教义和《瑜伽师地论》，既然他们的第一流高僧已经出现在眼前，何不趁便向他们讨教一番呢？然而当玄奘试探性地提出《瑜伽师地论》中几个重要的地方请教他们后却大失所望，他发现这些人不过尔尔，根本就没超出戒贤大师所阐释的范围，玄奘立刻就觉得僧伽罗国实在不值得一去，决定向西印度出发。

故地重游

在去往西印度之前，玄奘还听到了一些有关僧伽罗国的传说。这个国家之所以还被称做"狮子国"，是因为有这样一段传奇。

在很久以前，有一个南印度女子在结婚那天被接到婆家的途中，被一头雄狮子背到深山中为妻，后来这名女子生下一男一女。两个孩子都是人形，不过性情却凶暴如猛兽。男孩长大后得知了自己的来历，就寻找机会，想要带领母亲和妹妹逃出深山，终于有一天他们逃了出来，定居在了男孩那已死去的外公的村子里。雄狮发现妻子不见了，愤怒得出山骚扰过路行旅。为了保护过路人的安全，国王不得已悬赏征求勇士，想要射杀狮子。男孩觉得这场祸事是因他们母子而起，就毅然应征。雄狮看到自己的儿子，很快就变得温驯起来，男孩乘机以暗藏的刀刺杀狮子，雄狮最终死去，表情一直都很安详。国王问男孩何以雄狮会变得温驯，男孩被一再逼问下最后实话实说。国王遵守承诺把奖赏给了男孩，却因此而觉得男孩太过狠心，认为他的身上还带有兽性，于是又赐给了男孩两艘满载粮食和黄金的船，把他和他的妹妹放逐到了海上漂流，任其自生自灭。男孩一路漂流到了锡兰岛，在那里下船定居。后来又来了一些寻宝的商船，男孩与船上的女人结合，经过无数代的繁衍，最终发展成为了后来的僧伽罗国。而他的妹妹则漂流到波斯湾，与魔鬼结合，生下了许多女孩而形成了一个女人国。

玄奘和七十多名逃出僧伽罗国的僧侣们一同向西印度出发，首先他们来到了一个叫达恭建那补罗国的地方。达恭建那补罗国有佛寺一百多座，僧侣一万余名，大、小乘教都很盛行，但也有不少外道。王宫旁的寺院有三百多名僧侣，据说那里珍藏着释迦牟尼在太子时代所戴的冠冕。城北有一片方圆三十里的大树林。

玄奘再往西北经大森林行二千四五百里到摩诃剌陀国，该国位于印度半岛西海岸的中央。那里民风彪悍，轻生死而重节义，恩怨分明，颇具侠义之风。摩诃剌陀国兵强马壮，法令严明，周围国家都不敢轻视，就连英勇的戒日王手下的军队都对他们无可奈何。他们的国王作风古怪，当他的将领作战失利时，他就让失败的将领穿上女人的衣服，很多将领都因为受不了这种羞辱而自杀。士兵们在出战前通常都喝个大醉，然后疯狂地冲锋陷阵，甚至连坐骑大象也被灌了酒，在战场上横冲直撞，所向披靡，令敌军望风而逃。这个国王正是那位威震南印度，与戒日王势均力敌的遮娄其王朝补罗稽舍二世。摩诃剌陀国学术风气很盛，佛教相当发达，有寺院、庙宇一百多，僧侣五千余，大、小乘都很盛行，也有不少其他的教派。城外有五座阿育王所建的高达几百尺的佛塔。

由此往西北行一千余里，渡过耐秣陀河，到达了今孟买北方，靠近北回归线的跋禄羯呫婆国，这里土地贫瘠，草木难生，居民多以渔盐为业，民风重诡诈，轻学艺，所以这个国家并没有给玄奘留下什么好印象。

再往西北到摩腊婆国，这个国家与跋禄羯呫婆国正好相反，这里土地肥沃，物产丰富，居民以面食为主，玄奘很喜欢这里的人文环境，觉得语言清晰文雅，民风善良而且重学艺，在玄奘的眼中，这里是印度中可以与摩揭陀国相提并论的文化大国。摩腊婆国境内有佛寺一百多座，僧侣一万余人，以信奉小乘教为主，当然也会有其他的教派。据说在玄奘来此之前约六十年，这里出了一位与曲女城戒日王同名的贤君。这位贤明的君主笃信佛法，就连给象、马喝的水也要先行滤过，怕伤害水中的生物。他在位五十多年，举国上下都充满了祥和之气。

从摩腊婆往西北赶了三天的路，玄奘来到了契吒国，稍作停留后就再次上路了。再往北就到了伐腊毗国，那里濒临阿拉伯海，无论是物产、气候还是民风都与摩腊婆国相似，甚至要比摩腊婆国富裕。其境内有一百多座佛寺，僧侣六千余，主要信奉小乘教。国王是摩腊婆国国王的外甥，同时也是曲女城戒日王的女婿。他性情急躁，为人粗鲁，但是和戒日王一样，也笃信佛教，每年都要举办连续七天的布施大会，把最好的食物、衣服、医药、珍宝等都布施给各国僧侣，又以好几倍的价钱把它们赎回来。

贞观十二年（公元 638 年）春，玄奘一行从伐腊毗国北行一千八百里经瞿折罗国，转而东南行二千八百余里经邬阇衍那国，又东北行千余里经掷枳陀国，再北行九百余里至摩醯湿伐补罗国，然后折返瞿折罗国境。再往北走二千余里的大沙漠，渡信度河，抵达信度国。

信度为西印度大国，居民多深信佛法，有寺院百所，僧徒万余人，学习小乘正量部法，但都不用功修习。国王为首陀罗种姓，深佛法。相传释迦牟尼多次游历此国，阿育王于圣迹处建塔数十所。

玄奘一行从信度国又西行至阿点婆翅罗国，这时，此国已无君长，属于信度国。有寺院八十余所，僧徒五千余人。再西行两千余里到达狼揭罗，这是玄奘所到的最西面的国家。

从狼揭罗国折向阿点婆翅罗国，然后北行七百里至臂多势罗国。再东行三百余里至阿夌茶国。从阿夌茶国东行七百余里复经信度国境，再北行九百里信度河，经茂罗三部卢国，东北行七百余里至钵伐多国。此处曾经无比辉煌的寺院早已荒圮，令玄奘叹息不已。

钵伐多国有几个高僧对正量部的《根本阿毗达磨》《摄正法论》等有独到研究，玄奘就跟随他们学习了几个月。再往东南行，于贞观十三年（公元639年）又回到了那烂陀寺，参礼戒贤法师，玄奘向他一一叙述了这几年的所见所闻。

戒贤告诉玄奘，那烂陀寺西三踰乡善那有一座低罗择迦寺，寺内有一个名为般若跋陀罗的高僧，对萨婆多部三藏及《声明》《因明》等很有研究。玄奘一听，立刻前往低罗择迦寺，跟随般若跋陀罗学习了两个月。

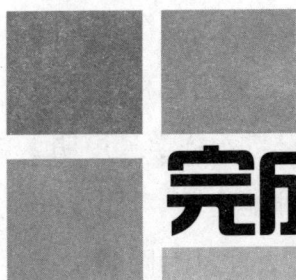

完成西行之游

舌战众教徒

鸡足山东北一百三十余里处有一座伏林山，这里有一位与戒贤齐名的论师胜军，他是苏刺陀国人，刹帝利种，原是跟随贤爱论师学习《因明》，后又跟随安慧菩萨学《声明》《大小乘论》，还跟戒贤法师学过《瑜伽师地论》，对印度的宗教哲学、天文地理、医方术数无所不能，尤其对因明学有很高的造诣。

摩揭陀国的满胄王听闻胜军的博学和人品，对他极其仰慕。满胄王曾以二十个城为封邑，想拜胜军为国师。"国师"是一国之师，在此是对和尚僧侣的尊称，帝王用以封赠僧人，待之以师礼。帝王经常会拿一些问题向国师咨询，而国师也偶尔担当参谋之类的职务。不过胜军拒绝了满胄王的封赏。满胄王死后，戒日王又以八十大邑册封他，要拜他为师，胜军被屡次催请逼急了，只好说："受人之禄，忧人之事，我现在正为拯救被生死苦痛所缠绕的众生而努力，哪里还有闲暇去过问国王的政事？"

戒日王不敢强求，只好作罢。胜军经常在杖林山开佛学讲座，广收门徒。前来听讲的道俗听众经常多达数百人。玄奘跟他学习了《唯识抉择论》《意义理论》《成无畏论》《不住涅槃论山》《十二因缘论》《庄严经论》等，并且向他请教了《瑜伽师地论》《因明论》等疑难之处，前后花了两年时间。

一天夜里玄奘做了一个很奇怪的梦。梦里的那烂陀寺一片荒凉，杂草丛生，好几条水牛被拴着，却四处不见僧侣人影。他疑惑地走进位于中央位置的幼日王院的西门，还是没有看见一个人，只见四重阁上的金色神人忽然站在他面前，他想上楼却被神人阻挡，金色神人开口说："我是文殊菩萨，你前世罪业未了，不能上来！"然后向外面一指说："你看外面！"玄奘顺着他指的方向一看，只见寺外的天空通红，整个村落都陷在火中，玄奘正要询问，菩萨又说："你赶紧回国去吧，从现在起，十年后戒日王就要驾崩，印度将有一场大动乱。切记！"

玄奘从梦中惊醒，把梦中的情景和文殊菩萨说的话告诉了胜军，胜军说："人世本无常，梦中菩萨所说的事实，很可能会发生。既然有这样的指点，你就好自为之吧！"

这个梦是否真实后人无从查考，不过十年后，大唐特使王玄策到印度时，戒日王确实已驾崩，后来还发生了王玄策借兵，生擒戒日王之叛臣的事件。

玄奘再次回到那烂陀寺。这时的玄奘已经不是学僧了，戒贤大师指派他开了两门课，一门是《摄大乘论》，另一门是《唯识抉择论》。

那烂陀寺的学术氛围相当自由，同时期开讲的还有另一名高僧师子光。他主讲龙猛菩萨的《中观论》和提婆菩萨的《百论》。师子光百般攻击无著的《瑜伽师地论》。玄奘对此三论都有深刻了解，因此对师子光的偏狭作风很不以为然，玄奘认为圣人立教，从不同的角度能产生不同的说法，但是真理只有一个。如果因为自己没办法将各种说法融会贯通在同一个真理下，就贸然地否定某一种说法，说它是离经叛道，这不是真理的问题，而是人的问题。玄奘向来对真理很执着，经常前去质问师子光。师子光往往被玄奘反驳得哑口无言。后来学僧们渐渐发觉师子光的学识不及玄奘，就纷纷转去听玄奘的讲座，使他的讲座成为热门课程。

师子光虽然败下阵来，但却仍然执迷不悟，时时表现出一副傲慢的模样。玄奘本人也感到自己并没有完全阐述透彻自己的理论，于是就写成《会宗论》三千颂，将各宗的见解融会贯通并阐述明白，玄奘把《会宗论》呈给戒贤大师等人审阅，获得大家的一致赞赏。

师子光觉得脸上无光，就到菩提寺去找来他的同学当救兵，这人就是东印度的高僧旃陀罗僧诃，师子光原本想要一雪前耻，不料旃陀罗僧诃一到玄奘面前就被玄奘的学识和威名所震慑，一句话也对不上来。结果这次挑战不但没能驳倒玄奘，反而使他的声誉更高。

除了像师子光这种来自大乘教本身的论难以外，还经常有小乘教和其他教派向玄奘挑战。当时由于戒日王支持大乘教，使得小乘教徒常感到不满，他们纷纷反对说大乘教不是释迦牟尼真正的教义，而且这样的攻击，在某个角度上说也确实是事实，但大乘教自有它产生的原因和价值。戒日王在大乘教中心的那烂陀寺旁，建造一个高十多丈的铜制精舍，也算是对大乘教的一种肯定，这种偏爱让小乘教徒们一直耿耿于怀，所以当戒日王为了远征东印度的恭御陀国而路过乌荼国的时候，乌荼国的小乘教徒们就来到戒日王面前，冷嘲热讽地说："据说国王在那烂陀寺兴建一座铜制的大精舍，规模宏伟无比。既然精舍可以建在那烂陀寺，何不干脆建在迦波釐外道的寺旁？"

这些话很有侮辱的意味，因为所谓"迦波釐"是婆罗门教的一个支派，婆罗门已经是异教了，这个支派更是异教中的异教，是一个很极端的苦修教派。"迦波釐"的意思就是把死人的头骨系在头上，也有信徒把头骨直接套在脖子或手上。他们还有一个令人恶心的行径，就是故意住在火化场的骨灰堆里头，正常的人大概都不会这么做。乌荼国的小乘徒们把大乘教与这些人相提并论，让戒日王很生气，戒日王问道："你们为什么说这种话？"他们回答说："因为那烂陀寺那帮人信奉的那一套，和迦波釐那种空花外道根本就没什么不同！"所谓"空花"是说有如眼睛有疾的人，老是看到空中有花。这不过是众生妄想出来的现象，即"一翳（眼球上生出障蔽视线的膜）在眼，空华（花）乱坠"。佛经上还说：

"用此思惟，辨于佛镜，犹如空华（花），复结空果。"

从前南印度王灌顶的老师般若毱多曾撰写了《破大承论》七百颂。小乘教徒们都欣喜若狂，把这本书视为珍宝，这回他们又把它拿出来给戒日王看，说："这就是我们所信仰的要旨，我们倒想看看有没有大乘教的人能攻破一个字！"

戒日王心想，这些人如此狂妄，实在是不知天高地厚，于是对他们说："有一只狐狸跑到老鼠群里，夸口说它比狮子还强大，等到真正的狮子来时，狐狸又被吓得跑掉。你们还没见到真正的大乘高僧，就自认为小乘最了不起，只怕真正的大乘高僧来了，你们也像狐狸一样逃得无影无踪！"小乘教徒们不肯服输，就说："既然这样，何不召集大乘高僧到此地来，与我们较量较量！"

戒日王当场答应了众人的要求，当下修书一封，派专使送到那烂陀寺给戒贤大师。信中写到，那里的小乘教徒坚持己见而诽谤大乘，戒日王认为他们的理论不可靠。现在小乘教徒在他面前提出挑战要求，那烂陀寺人才辈出，希望能够派遣精通本宗和他宗理论、兼省内外者四人，前来乌荼国与小乘派辩论。

戒贤大师看完信以后，连忙召开僧众大会讨论，结果选出了海慧、智光、师子光和玄奘四人前往。这个决议宣布以后，海慧等人因为自知学养不足而感到害怕，唯有玄奘自信满满，非常笃定，看到其他人的忧虑之情溢于言表，玄奘就对他们说："你们不必忧愁，关于小乘三藏，我在国内和在迦湿弥罗国停留时都已经学习过，想要用小乘教理论来攻破大乘教义，我认为绝没有可能。"然后他又说了一句很令三位高僧感激的话："就算万一我辩输了，是我这个支那和尚丢脸，不关各位的事。"师子光等人听了，胸中的压力舒解了不少，因为万一输了，自有人承担，如果赢了，他们则与玄奘共享光荣。

然而就在几人准备期间，戒日王又遣人送信通知他们，参加辩论的事情不急于一时，请决定前来的人暂时不要出发，以后再另行通知。众人不知道什么原因，不过戒日王在征战途中，这种情形应属难免。

有人说释迦牟尼的佛教，就是婆罗门教的革新派的禁欲和享乐两个极端主义间的中庸之道。快乐主义者又称顺世派，在他们的教义中，宇宙间唯有地、水、火、风四大要素才是真实存在的，人也是由这四要素构成。在这一点上它和佛教是一样的。佛经上说我们的身体是由地、水、火、风相合而成，人死后，毛发、指甲、皮肉、筋骨、脑髓等都还原为地；唾涕、血液、痰、泪、精气等都还原为水；身上的暖气还原为火；力气还原为风，如此一来，则原来的"妄身"就不知在何处了。佛教和顺世派的快乐主义同为革新派，这一种共同的说法，是一种反对婆罗门的无神思想。最初的佛教是无神主义者，这四大要素就是他们的主张之一。四大分离，也就归于空寂了。不过佛教在这四大要素的基础上，仍接受婆罗门教原有的"轮回"观念，佛教的要义就是求自己修行，要不求神，这样才能够摆脱轮回，达到涅槃境地。此即佛教被称做中道的改革者的原因。然而与佛教不同的是，顺世派的想法极端，他们由四大要素的观念得出的结论是，人死后一无所有，无所谓现世来世，无所谓因果报应，也无所谓父母，那些布施、祭祀等善事也都变得毫无意义了，带有明显的唯物主义色彩。

有一天，那烂陀寺来了一个狂妄的顺世外道婆罗门，要求与寺内大德辩论，并且写了四十条经义悬贴在寺门，说："如有人能攻破一条，我就斩首相谢。"他的教义贴出来好几天，都没有人前去应战。玄奘一向注重维护佛法真理，决心维护那烂陀寺和大乘佛教的权威。他让服侍他的净人到寺门口，把贴在门上的四十条经义撕破，丢在地上用力踩踏。婆罗门见状怒不可遏，大声问道："你是什么人？"

净人答："我是摩诃耶那提婆（大乘天的意思，玄奘在印度的法名）的奴仆！"那人素闻玄奘大名，嚣张的气焰登时退了一大半，也不敢与他理论。

玄奘知道后就命人带那个婆罗门进寺，到戒贤面前，并集合了一些大德给他作见证，和那个婆罗门展开辩论，将四十条经义一一批驳，婆罗门瞠目结舌，哑口无言。最后，婆罗门不得不站起来说："我败了，我愿意依约任凭处置！"

玄奘说："佛门弟子绝不会害人，何况是逼人去死，这样好了，你就来做我的奴仆，以后随时听我传唤就是。"那个婆罗门很高兴地接受了玄奘的提议，被带到玄奘的房里听候差遣。很多人都为此而欢欣雀跃。

那位婆罗门接受了"以奴代死"的处分，既免去了遭到贪生怕死的批评的压力，还可以维持他履行约定的自尊心，由此可见玄奘的高明之处。

戒日王邀请那烂陀寺的四位高僧与小乘教徒辩论，虽然得到暂缓举行的通知，但做事一丝不苟的玄奘仍在积极地准备。他找来了被小乘教徒视为珍宝的《破大乘论》七百颂，阅读之后，发现有几个地方还无法完全理解，于是玄奘想到了给他做奴仆的婆罗门。玄奘问他有没有听人讲过《破大乘论》，婆罗门说已听过五遍，玄奘就兴奋地请他讲解，玄奘是个不耻下问的人，这对他来说是很平常的事，但婆罗门仆人却紧张地说："我是奴仆，怎么可以对主人讲解？"玄奘再三劝说他。婆罗门最后谨慎地说："既然这样，我们就半夜的时候再进行讲解。免得被人看见了笑话您，损了您的名声。"本来玄奘认为无妨，但是等级观念根深蒂固的婆罗门一再坚持，玄奘只好在夜深人静的时候避开众人，请他讲了一遍，待完全理解后，又根据大乘教义，把其中的错误一一纠正，写成《破恶见论》一千六百颂。玄奘将《破恶见论》一千六百颂呈给戒贤法师过目，又请寺内大德指教，众人都很赞赏玄奘的观点，认为这是一部见地卓越，而且能针针见血的伟大著作，无不叹服。

玄奘趁机对婆罗门说："您已经委屈很久，现在可以还您自由了！"于是婆罗门欢天喜地告辞离开。玄奘确曾向他求教，也借着他的帮助而突破疑难，才能有这部被推为佳作的《破恶见论》，这就等于玄奘也曾拜婆罗门为师，婆罗门的学识并非完全在玄奘之下，他觉得挽回了自尊，便理所当然地获得了自由身。

玄奘能够最终化敌为友，这位婆罗门虽没有痛哭流涕，但也对玄奘感激在心。最后这名婆罗门到了东印度的迦摩缕波国，真心地向那里的国王推荐玄奘，盛赞他的学识和伟大人格，使国王深感佩服。于是迦摩缕波国王立刻派专使到那烂陀寺邀请玄奘到自己的国家。

拜见戒日王

时光匆匆而过，玄奘仿佛听到了故乡频频对他的呼唤，回国的念头渐渐在他心中滋长。有一天，正好有个善于占卜的名叫伐阇罗的人来拜访他，玄奘就问他说："我是大唐人，来印度已经多年了，我在犹豫到底是回国好呢，还是留下来好？如果我要回国，能否平安回去？还有，我还有多少寿数？"那人听完后，从口袋里拿出一块白石头，在地上画了一些图，然后对玄奘说："我觉得您还是留下来比较好，如果要回国的话也会一路平安，回国后还能受到朝野上下的敬重。您的寿命至少还有十年，若凭您的余福和造化，就不是我所能预知的了。"玄奘说："我想念祖国，想要回去，只是我担心那些经文和佛像是否可以顺利地运回祖国？"那人回答："您大可不必担心这个问题，戒日王和鸠摩罗王都会派人一路护送，必定可以平安顺利地到达。"

玄奘听了觉得很惊讶，因为他从未见过那两位国王，不禁问道："我与他们素未谋面，怎么会得到他们的帮助？"那人斩钉截铁地说："鸠摩罗王已经派专使来迎接您了，两三天后就会到了。而且见到鸠摩罗王之后，您也很快就会见到戒日王。"说完这话，伐阇罗就像办完事似的走了。

仔细地考虑了一番，玄奘决定立即回国，伐阇罗说他还有十年寿命，无形之中给了他很大的压力。玄奘把要带回国的经文、佛像捆扎好，又准备了一些简单的行李。那烂陀寺的僧侣们听到玄奘准备回国的消息，都想尽办法要挽留他。甚至有人对玄奘说："印度是释迦牟尼佛的出生地，佛陀虽已涅槃，但所遗留的圣迹，就足够您参观一生了，您为什么一定要回国去呢？你的国家本质上是个异教徒的国家，从来就没产生过一个佛陀。那里轻视贤人，藐视真理，人们心胸狭窄，而且气候寒冷，土地贫瘠，有什么值得你再赶回去呢？"

这些人因为道听途说，形成了这种对中国的肤浅看法，玄奘不厌其烦地跟他们解释道："释迦牟尼佛之所以立教，就是希望能够把佛法传播到世界各地，帮助更多的人解除痛苦，我们岂能只顾自己修行，而不去普度天下众生？而且中华也绝不像你们所说的那么不开化，我们有完整的典章制度、伦理纲常，那里的人讲求仁义，敬老尊贤。自古至今就有不少伟大的学者，其智慧足以接受佛法。传统的中华学者都重视自然天道，那里的音乐技艺成就也很高，又懂得阴阳五行，观察万事万物，崇尚和谐。佛法东传后，中华学者重视大乘，而且依据其教义追求修行之境界，这样一个国家，佛陀也经常会显灵。"

为了说服众人，玄奘只好打个比喻："当维摩诘菩萨问舍利弗日轮为何要照耀瞻部洲时，得到的回答是为了消除黑暗，我要回祖国的心情也是如此。"

维摩诘是一名在家修行的居士，是与释迦牟尼同时期的人，经常辅佐佛陀说法，佛教人士都很敬重他，说他为在家修行的人揭示修行的准则，就好比释迦牟尼为出家人揭示最高的准则一般，所以维摩诘被尊为居士之祖。舍利弗是佛陀的得意弟子，被佛陀称赞为智慧第一，可惜死在佛陀之前。

玄奘搬出这两位权威圣者的话来表明自己的决心，但众僧挽留玄奘的心意并没有因此而打消，大家最后无计可施，便都去找戒贤大师，请求戒贤用自己的威望留下玄奘。然而戒贤知道玄奘来印度的本意，他要求法求经，现在得到了诸位大师的指点，又到各处巡礼圣迹，收获颇丰，应该尽快回国，从事译经工作，使中国的佛教弟子们都能领悟到佛门的教义，读到足够的佛典，这样才能不负恩师的教诲。所以面对大家的请求，戒贤微笑地说："这才合乎佛陀的意旨，也是我的愿望！各位就不要再强留他了！"

玄奘回国总算成为定局，之前的占卜也成为了现实，鸠

摩罗王的使者果然来到了那烂陀寺，想要请玄奘前去，以
"慰此钦思"。戒贤和那烂陀的其他高僧经过会商，决定婉言
回绝鸠摩罗王，以戒日王曾邀请参加辩论为由，说不知哪天
就得赴会，为了准时参加辩论，玄奘不能前去，而且还告
诉来使说："支那大德即将归国，恐怕难以遵命。"不料鸠摩
罗王不甘心，又遣人来说："既要归国，不妨在归国前来我
国一趟。"戒贤仍然替玄奘拒绝了，惹得鸠摩罗王大发雷霆，
他觉得戒贤没把他放在眼里，于是第三次遣使，使者带来了
一封信。这封信写得充满了火药味：

> 弟子凡夫，染习世乐，于佛法中，未知迴向。今
> 闻外国僧名，身心欢喜，似开道芽之分，师复不许其
> 来，此乃欲令众生长沦永夜，岂是大德绍隆遗法，汲
> 引人物哉？不胜渴仰，谨遣重咨，若也不来，弟子则
> 分是恶人，近者设赏迦王，犹能坏法，毁菩提树，师
> 谓弟子则分是恶人，近者设赏迦王，犹能坏法，毁菩
> 提树，师谓弟子无此力耶？必当整理象军，云萃于彼，
> 踏那烂陀寺，使碎如尘。此言如日，师好试看。

戒贤无奈，只好对玄奘说："鸠摩罗王原本不是什么仁
义的王，但自从听到你的大名，似乎就已经发了善心，这大
概也算是缘分吧！出家人本来就应该助人为善，这是一个好
机会，你就去吧，若能使国王皈依佛法，那么那里的百姓也

会跟着信仰佛教。我若不许你去，说不定还真会出事呢！"
于是玄奘就随同鸠摩罗王的使者前去迦摩缕波国。

　　玄奘在迦摩缕波国受到了热烈的欢迎。鸠摩罗王亲自迎接，群臣陪侍，音乐、香花、美食等应有尽有，设想周全。玄奘在这里停留了一个多月，听说此地可直通大唐，不过沿途极为艰险，会遇到瘴气毒蛇，玄奘决定还是不要走这条路线。

　　玄奘在迦摩缕波国期间，戒日王征伐恭御陀国之战已经结束，他突然听说玄奘被鸠摩罗王请了去之后非常生气，立刻派遣使者到鸠摩罗王那儿去要人。没想到鸠摩罗王蛮横地答道："要我的头，可以给；要支那高僧则免谈！"

　　戒日王怒火更盛，遣人说："我现在就要你的头，你立刻交给使者带回！"鸠摩罗王察觉到情势不妙，立刻集合象军两万，兵船三万，赶到羯朱嗢罗国的戒日王行宫附近。

　　行宫设在恒河南岸，鸠摩罗王把玄奘安置在北岸，然后自己到南岸去见戒日王，戒日王知道他十分仰慕玄奘，就不再计较他出言不逊的事，只是急着问玄奘人在何处，鸠摩罗王回答说："在北岸。素闻戒日王礼贤下士，让他自己来，似乎不太妥当吧！"

　　戒日王说："对！我明天就亲自去迎接他！"鸠摩罗王放心地回到北岸，对玄奘述说经过，说："戒日王说明天来，却很可能今晚就来。到时候大师尽管待在屋里等他来见您，不必理会他的到来。"这个鸠摩罗王对戒日王的了解十分准确。

　　果然，当天晚上就有哨兵来报"河上满布火炬，鼓声喧天"。玄奘依照鸠摩罗王的吩咐，在屋里静坐等候。鸠摩罗王胸有成竹地点燃火炬率群臣出去迎接，只听到一阵很有节奏的鼓声，戒日王走一步，鼓就响一声，而且是数百金鼓同声敲击，这种排场只有威震北印度的戒日王才有。起先戒日王很神气，但当来到玄奘面前的时候，却行了印度最高级别的敬礼——顶礼，戒日王先是五体投地，而后以自己最尊的头部，去敬礼对方最卑的足部。敬礼完毕后，戒日王恭敬地与玄奘交谈，向他问道："法师来自中原，我曾听说那里的《秦王破阵乐》很出名，秦王是何人？他何德何能而受到如此的赞赏呢？"

　　秦王就是唐太宗李世民未登基以前的封号，唐高租称帝初期，天下还没有完全统一，秦王奉命攻打刘武周，后来刘武周大败，逃至突厥而为突厥所害。为了纪念这个胜利，特作《秦王破阵乐》，李世民即位后，每逢宴会必定演奏此曲助兴。后来还令魏征等人改写歌词，更名为"七德舞"，为唐朝自制乐三大舞之一。

　　玄奘大略讲了一遍秦王的神武和仁义，戒日王表示很是钦羡，一股英雄相惜之情油然而生。戒日王当场就表示要去中国朝贡。自汉武帝时代与印度交往的尝试失败以来，这次算是第一次开启了中印外交之门，玄奘功不可没。

　　第二天，戒日王特在行宫设宴款待玄奘等人。席间戒日王问起玄奘所著的《破恶见论》，玄奘就把身边所带的一本呈给他看。戒日王大致地看一遍就对玄奘称赞不已，对在场的一些小乘教徒说，他们所尊崇的教义都已被玄奘所驳倒，不服的人可以拿去看看，结果没有一个人敢站出来。戒日王说："早就知道你们无能！"然后转向玄奘说："对于法师的见解，我们都没有话说，但恐怕其他国家还有不少执迷不悟之人，所以我准备在曲女城为您开一次法会，召集五印度的所有佛教徒、婆罗门，及其他各宗各派，让他们见识见识大乘教义的奥妙，同时也打消他们的傲慢，好叫他们死了诽谤大乘的心！"

空前绝后大法会

为了给玄奘召开法会，戒日王派使者到各国，令他们将所有精通教义的人，无论宗派全部派到曲女城听讲。使臣向着各自的方向出发后，戒日王与玄奘一行人也浩浩荡荡地溯恒河而上，准备返回曲女城，场面非常壮观。戒日王的十万大军在南岸沿河而行，军容整齐肃穆，而鸠摩罗王的数万军队，包括象军在内则沿着北岸以相同速度前进。水师护卫着戒日王、鸠摩罗王和玄奘共同乘坐的指挥舰，玄奘居中而坐，两位国王在旁陪坐，这恐怕是玄奘进入印度以来最风光的时刻了。也许是为了给曲女城大会的准备工作充足的时间，这段不算长的距离，一行人却足足走了九十多天。

前来参加盛会的人从四面八方陆续赶来，包括十八位国王、三千多名大小乘佛教的僧侣、婆罗门和尼乾外道等两千多人，那烂陀寺也整整出动了一千多人，再加上各参会者的随从们，大批人马向曲女城会合。通往曲女城的道路上随处可见参加的队伍，乘象的，坐马车的，到处都是形形色色的人，会场插满了各路旗帜，人群里也夹杂着专程来看热闹的观众，可谓盛况空前。大家都认为这可能是最大的一次法会，绝对不能轻易错过这个千载难逢的机会。

大会的准备工作做得相当到位，戒日王命人在恒河岸边建造了两间特大的茅屋，用来供奉佛像，为与会人士提供住处，法会的组织方还供应餐食。戒日王还特地把行宫设在会场西面五里处。

这次空前绝后的大法会终于揭幕了。乐队奏出优美庄严的音乐，首先进入会场的是一个队伍，该队伍模仿释迦牟尼升天为其母说法后返回下界的情景，其中戒日王手持宝盖扮演帝释天，走在队伍前的右侧，鸠摩罗王手持白拂子扮演大梵天，走在队伍的左侧。两王之间是一只巨象，背着一尊三尺多高的黄金佛像，巨象被打扮得很漂亮，佛像被供在一个宝帐中，代表正在下凡界的佛陀。二王后面是骑坐大象以玄奘为首的众位高僧，再后面才是各国君臣、高僧等，分乘三百头大象于道路两侧前进。

进入会场后，戒日王将黄金佛像供入宝座，首先由戒日王和玄奘及戒日王左右的高僧先行膜拜，然后是十八国的国王，然后轮到各国的高僧、著名的婆罗门和异教徒五百多人参拜，最后是各国的大臣两百多人，剩下的人则在场外列队礼拜。

法会是说法、供佛及施僧的集会，一般都有固定的布施环节。戒日王对玄奘等高僧布施完毕后，在场中设一宝床，恭请"论主"玄奘入座，然后由来自那烂陀寺的明贤法师宣读玄奘所写的大乘教义，同时把另外一份抄本悬挂会场门外，声明"若其间一字无理，能难破者，请斩首相谢"。

一连四天，场内外都没有一个人敢出来挑战玄奘，法会顺利进行。到了第五天却发生了一个意外，个别小乘教及异教徒图谋刺杀玄奘，还好被及早发现，没酿成不幸。显然这是他们没有能力与玄奘辩论，在严重挫折下所使出的下下策。戒日王对此极为震怒，颁下了一道命令，声称："有一人伤触法师者斩其首，讥骂者截其舌。"不过戒日王同时也言明，用言辞辩论以保护本身教义者不受限制。法会一直持续了十八天，始终没有一个人能驳倒玄奘。

最后一天，玄奘毫无意外地大获全胜。结束时，他做了总结性发言，再次称扬大乘，佛陀的功德，呼吁大家"返邪归正"，"弃小归大"。在印度习俗中，凡是在法会论战中获胜的人，都要游行以接受表扬。这种夸耀行径实在让玄奘难以接受，他坚持不肯这样做，无论戒日王及旁人如何劝说，告诉他这是印度传统，不便违拗，玄奘就是坚持自己的立场。最后不得已，戒日王只好自己手持玄奘的袈裟，向众人说道：

"法师阐扬大乘教义，攻破各种异说，十八天来没人敢加以论驳，值得表扬！"群众听了齐声欢呼，纷纷烧香、散花、礼敬，而后散去。玄奘的声望越来越高，大乘教徒们尊称他为"大乘天"，小乘教徒们则尊称他为"解脱天"。

这次曲女城的法会可以算是玄奘留印的高潮，他的大乘天之名传遍了东、西、南、北、中五印度，声望如日中天。同时这也是他整个西行壮举的结束，早在他辞别那烂陀寺时，就已经把预备带回国的佛像和经典全部带在身边，计划法会结束后就立刻起程回国。不过戒日王以即将举行的五年一度的无遮大会为由，要求玄奘留下来看看再走。

据说无遮大会是阿育王所创，曲女城东南方的钵罗耶伽国，自古就是个最被看重的布施场，传说印度人在那里布施所积的功德，要比在别处多上千百倍。戒日王也把会场选定在此处，打算进行为期七十五天的布施，他通知了所有佛教僧侣、婆罗门及其他教派的信徒前来参加，那些贫困孤寡的人都可以到会场接受施舍。十八国国王也被邀请，参加曲女城大法会的人也就近赶到了这次的会场。各界人士到齐之后，大会总共聚集了将近五十万人。依照佛教僧侣、婆罗门、异教徒、远道来者、贫困孤寡者的顺序发放布施。佛教僧侣得到的有金钱百枚、珍珠一颗、毛织衣服一套，还有一些香花和美食。戒日王为此散尽家财和五年的国库积蓄，甚至连身上所穿戴的东西也一律施舍，只留下象、马和兵器等。他认为把财物施舍给天下百姓，就等于是储存在"福田"之中，是最安全、最稳固的积蓄。大会结束后，各国国王又主动出钱，将戒日王送出去的私人衣物赎回来还给他，几天后终于凑齐回复原状。

看到这一幕幕布施场面后，玄奘深受感动，但是这并没有影响他回国的决心，带着深切的感受，玄奘向戒日王辞行，戒日王依依不舍地要求他再多留十几天，而一向快人快语的鸠摩罗王则说："法师如果愿意留在我的国家，我愿意为法师建造一百所寺院。"

玄奘心中明白，既然已经学有所成，就应该回到中国弘扬佛法了，他婉言拒绝两位国王的好意，戒日王和鸠摩罗王也就不再强留。戒日王表示，若玄奘计划循海路回国，他可派专使护送。玄奘说："来印度的途中，我曾与高昌王有约在先，要再回到他的国家一趟，不能辜负他的盛情，所以还要循陆路回去。"戒日王还想要为玄奘提供路费，玄奘连忙拒绝，只接受了一件鸠摩罗王所送的曷剌釐帔，即一种用山羊或骆驼身上较细的毛织成之衣服，也有人说是鹿毛，其特色是防雨效果很好。

玄奘出发那天有很多人相送，大家都依依不舍。戒日王后来得知，早在曲女城大会时，玄奘就把佛像、经典等物品委托北印度乌地多王的卫队代为运载。戒日王费尽口舌，想要送给玄奘很多东西，但都被玄奘拒绝，戒日王就把一头大象、三千金币和一万银币交给乌地多王，请他转交给玄奘。

玄奘起程后的第三天，突然感觉身后有快马如疾风一般飞驰而来，玄奘心中一惊，以为是土匪来袭。等走近时仔细一看，原来是戒日王和鸠摩罗王等人兼程赶来，希望和玄奘进行最后一次话别。戒日王还特派四名类似中国的散官之类的官员，带着自己的亲笔书信护送玄奘出境。那些信函主要是介绍玄奘的博学高德，要求沿途各国提供便利，好让玄奘顺利归国。

重返长安

玄奘带着一大批佛典，心中有着无尽的使命感和来自时间的压力。西行印度时，玄奘选择的路线蜿蜒曲折，因为他到处巡礼游览。而回国的路线则简单得多，除了不得不转弯的地方外，大部分都是直线前行的。在今印度、巴基斯坦和阿富汗境内的路程，玄奘选择的都是以前走过的并且最快捷的路线。但到了阿富汗与中亚的交界地带，玄奘则转越葱岭，开始一段从未走过的路线，也就是沿古时通西域的南道，向河西走廊行进。

行到毗罗那挈国时，住在那里的原那烂陀寺的同学师子光和师子月都跑来迎接，在二人的盛情邀请下，玄奘在那里开了两门课，讲授了两个月才离开。玄奘来到了阇烂达罗国，那里的乌地多王曾答应帮忙运送佛像、经典。玄奘把要托运的东西进行了一番整理，率领一行人进入了今巴基斯坦东北境。沿途有很多盗匪出没，玄奘来时就曾在这一带遭过洗劫。这一次玄奘想出了一个法子，他派人在队伍前，先告诉土匪他们所运的只是一些佛典之类不值钱的东西，请他们放行。果然玄奘一路上再没受到什么损害。后来迦湿弥罗王得到消息，特派专使来请玄奘旧地重游，玄奘婉言拒绝，称大象行动不便而继续上路。后来在一次渡河的时候，玄奘自己骑象，那些佛经和佛像都通过船来运送，一些人负责在船上照料，不料到了河心的时候，突然刮起一阵大风，船身左摇右晃，夹经本和花种都从船上掉了下来，无从救及。后来一行人来到了乌铎迦汉荼城，来迎接玄奘的迦毕试王告诉玄奘，自古以来，凡载运奇花果种的船渡河时都会遇到这种情况。玄奘只好派人到附近的乌仗那国将遗失的佛典重新抄写，因而又耽搁了五十多天。随后他们又来到了迦毕试国境内，国王派了一百多人协助玄奘越过兴都库什山。他们用了七天的时间才登上最高的那座山，那里终年积雪，寒风凛冽，人几乎无法站立，就连鸟的飞行都变得很艰难，只能挑选风小的地方活动。人无法骑马，只能相互搀扶着前行。

越过兴都库什山，往北进入活国。那位当年娶父王之妃的国王仍然在位。经过数国后，玄奘从一个年轻商人那里听到一个消息，高昌王已经去世了，玄奘就改变了原定的返回路线，改道而行。

原来高昌王送走玄奘后，仍与唐朝亲善，唐太宗特地赐他李姓，以示恩宠。高昌所在的吐鲁番盆地，原为西域各国进入中土的必经之路。后来不知出于什么缘故，高昌王经常扣留路过的各国贡使，还勾结西突厥企图攻打伊吾，大唐派使者训斥之后才放弃。后来高昌又与西突厥合攻其西的焉耆，焉耆国王忙向大唐请求支援，唐太宗就派遣大将侯君集、薛万彻率兵攻伐高昌。第二年，也就是曲女城大会的前一年，唐朝大军压境，高昌王忧虑而死。他的儿子和高昌的臣子全被押到了长安，高昌最终变成了大唐的西州，大唐在那里设置了统管西域的安西都护府。

玄奘一方面为高昌王的死感到悲哀，但另一方面，他也可以在大唐的盛世国力的威慑下，以天可汗的臣民身份，自由选择归国的路线，而不用担心太多的政治阻碍了。玄奘于贞观十七年（公元 643 年）出发向东边的帕米尔高原前进，途径几个国家，玄奘又进入了一片山区，来到了帕米尔高原上最大的帕米尔河边，玄奘说它"寒风凄劲，春夏飞雪，昼夜飘风……遂致空荒，绝无人止"。

经过几个山区国家，玄奘预备去一趟疏勒。不料途中碰到一批山贼，在混乱之中，那头负责载运经典、佛像的大象落水而死。他只好派人前往疏勒等地访抄经本。有一个叫利涉的西域僧人在去唐朝游学的途中与归国的玄奘相遇，就拜玄奘为师，成为玄奘的高足之一。马上就要回国了，玄奘心里开始为当初偷渡出境之事感到担忧，另外，运送经书的大象死了，他也需要政府的帮助。于是，玄奘最终决定先上表皇帝，向太宗解释当年犯禁的苦衷，及出关后一路西行的感慨，还写道："为所将大象溺死，经本众多，未得鞍乘，以是少（稍）停，不获奔驰早谒轩陛（无法早日见到皇上），无任延仰之至。"玄奘将信托由高昌人马玄智送往长安，自己则留在阗开讲经论，等待回音。七八个月之后，马玄智从京城带来了太宗的敕书，上面写道："闻师访道殊域，今得归还，欢喜无量，可即速来与朕相见。"太宗还通令于阗以东各国沿路护送，敦煌的地方官前去迎接。玄奘大喜，一颗忐忑的心犹如拨云见日，豁然开朗，迫不及待地整装上路，就连寻觅佛典的人尚未归返也顾不得了。

玄奘从于阗王城东行三百余里至古战场，再东行三十余里至媲摩城。往东便进入流沙之地。大流沙中根本没有路迹可循，只有一些遗骨散乱地分布着，四顾茫茫，难分东西，定力不足很可能就会精神错乱。玄奘一行人终于来到古月氏地，最后行至鄯善。贞观十八年（公元 644 年）年底，玄奘辗转到达唐境，敦煌官员准备了人力鞍承，恭迎玄奘。来到沙州，他再度上表给太宗，当时太宗在东都洛阳，准备亲率大军远征高丽。

玄奘得知太宗即将亲征高丽，便快马加鞭地赶路，怕晚了就不知道何时能谒见圣上。一直赶到长安西南三十里处的一个通往京城的运河码头，看到正好有船待发，玄奘一行将所有行李搬上船，向京城急驶。

贞观十九年（公元 645 年）的正月，玄奘终于回到了长安。筹划接待的官员根本没想到他会这么快到达，准备工作还没完成，玄奘法师西天取经归来的消息早已经在长安城街上四处流传了。当玄奘一行到达时，整个码头人山人海，善男信女们争向船上的玄奘敬礼，挤得玄奘压根儿没法下船，索性当晚就在船上过夜。

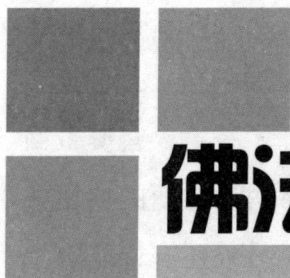

佛法的弘扬

回到祖国

玄奘在官方人员护卫下，被迎到长安城内朱雀街的驿亭，这是京城驿传文书中心所附设的行旅休息处。他们把玄奘带回来的佛典、佛像接运上岸，统计了一番，玄奘带回的物品，大、小乘佛典及有关因明、声明论方面的典籍共六百五十七部，出动了二十匹马驮运。另外还有佛陀舍利一百五十粒、佛像七尊。

第二天，长安城内举行了隆重的欢迎仪式，众人将玄奘所带的这些佛典、佛像由朱雀门迎接到弘福寺。当时长安城门大都是以星宿命名，玄武在北，朱雀在南，所以长安城内的皇城，北门叫玄武门，南门叫朱雀门。

玄奘在长安待了半个月，将诸事安顿一番就专程赶到东都洛阳去见太宗。二月初一，太宗在仪鸾殿接见了他。提到当年的偷渡出关，太宗亲切地玄奘说："出家人和一般俗人当然不同，何况法师是为了度众生而舍身求法，更没有什么犯禁可言。"玄奘紧接着就把沿途各地的风土人情，包括政治状况报告给太宗，太宗表示出了极大的兴趣。玄奘的观察力本就敏锐，还将旅途中的所见所闻都用笔记了下来，加上之前受到过的因明学的训练，使他的讲述听起来有条不紊、引人入胜。太宗在兴奋之余，提议把这些见闻撰写成书，让天下的臣民都可以了解。太宗的这个提议，最终促成了《大唐西域记》的问世。而在与玄奘的交谈中，太宗发现他具有惊人的政治潜能，当场就劝玄奘还俗辅政。玄奘婉言但是很坚定地拒绝了，并说要他还俗从政，就好比舟行陆地，不但浪费了之前所学的佛法，还会徒然招来恶名。玄奘表示自己生平最大的愿望就是弘扬佛法，除此之外别无他求。太宗当时正在为远征高丽作准备，也没有过分强求玄奘，但是他请求玄奘同行，以便视察高丽的地理民俗，太宗觉得西域那么苦，玄奘都能去，这回随驾前往应该不会有问题。玄奘无奈只好拿出出家人的法宝，说是释迦牟尼规定，出家人不得观看军队作战。太宗沉思片刻，也就不再强逼玄奘了。

玄奘见状，就趁机向太宗请求，说自己想要到嵩山少林寺隐居译经，这样一来，既表明了绝无出仕之意，也符合玄奘自己的心愿。但太宗没有答应，他让玄奘在长安城内的弘福寺译经，答应由官方供给所需的人力、财力。玄奘自从回长安以后，经常有人去拜访他，甚至还经常出现成群结队的现象，严重打扰了玄奘的清净，既然太宗让玄奘留在京城，为了不影响译经的工作，玄奘只好要求太宗指派一些人帮忙维持秩序，太宗总算答应了。

三月初，玄奘从洛阳回到了长安弘福寺，这是太宗为其母后所建造的寺庙，建筑风格相当宏伟。玄奘就在这里开始了一生中最伟大的事业——译经。玄奘要解决的第一个问题就是组建一个团队，只有这样才能有效地运用官方支援的庞大财力和人力。

佛教东传初期的翻译工作，多是由私人完成的，没有一定体制，随时随地都可以进行。而且佛教兴起的最初那段时期，所谓的经、律、论三藏，系由直接受业于佛陀的弟子们领导合诵而固定并流传下来的。早期的译经，大部分都没有典籍，译者们完全凭记忆翻译。其中翻译的人员可以有几种组合，由"懂梵文而且懂中文或不懂中文者"与"懂梵文而且懂佛学或不懂佛学者"两组人的各种排列组合而成，这种翻译方式非常不可靠。

玄奘根据当时这种既有的形式，拟订了一份更合理的计划呈给太宗核准。计划大体如下：玄奘担任主译，下设证义（负责译语与梵文原义的核实）、缀文（负责汉语的文辞修改及文体语气的连贯）、笔受（负责主译人口译时的记录工作）、书手（负责缮写）。除此之外，玄奘还特地要求指派一名中文的字学专家和一名梵文专家。若要加以归类，这两位专家可归入证义部门，一般的证义人员只需懂得或能背诵大、小乘经论，而这两位专家则除此以外还必须有文字语言学的修养，《三藏法师传》里没有讲明他们的工作，但这两人很可能担任译场的总勘工作，以及专门解决特殊的疑难问题。不得不说，这个团队的组织方式很完备。

　　玄奘呈上这份计划的时候，太宗已亲率大军到了河北，计划书是房玄龄特地派员呈送的，很快就得到了太宗的批准。当年四月间，中原各寺遴选出的高僧大德或杰出的沙门齐集长安弘福寺，最后选出的有证义十二人、缀文九人，后来这九人中出现了不少人才，包括来自长安会昌寺，后来又协助编写《大唐西域记》的辩机，以及来自陕西照仁寺的慧立。长安大总持寺的玄应作为字学大德，负责校勘文字，长安大兴善寺的玄暮担任证梵，也就是梵语专家。其他还有很多人担任笔受、书手及支援的官吏等。

　　组建好了团队，玄奘就开始思考第二个问题：如何翻译？玄奘在意译与直译之间犹豫。三国时代的译经，专主意译。晋以后逐渐有人主张直译。那位首倡天下佛门弟子一律姓"释"的道安法师就认为翻译就要务存原意，他指责那些由意译翻译过来的经典，往往为了使文字简约而擅削原文，译者也经常私自发挥揣测，偏离了本来的教义。鸠摩罗什有偏向意译的倾向，而后慧远、僧佑等人则取折中办法。

　　玄奘之所以有了西去求经的想法，就是因为他在国内修学的时候，读了那些不同立场翻出来的经论（意译居多），令他产生了许多疑惑。玄奘曾经在写给高昌王的谢表中，对意译所产生的弊端有所陈述，他认为鸠摩罗什等高僧，在佛法东传方面的贡献很大，但作为外国僧侣，他们所翻的经典经常出现歧义。

　　以前的主译人员大多是胡人或印度人。这些人要么在汉语上，要么在梵语上的修为有限，翻经史上就常看到他们为此而争吵的描述。他们翻译的方式有很多弊端，往往先根据倒装的梵文语句写下汉语，然后再由负责书写的人修改和整理，玄奘认为这种方法"中间增损，多坠金言"。这种方式使得原经文至少经过两次的转述，主译人增减一次，修整的人再增减一次，又往往出于表达通顺的必要，认为很多废话可删，最后就连不懂的也一起被删掉了。整个过程减的多，增的少。这样一来，有些经典就被改得面目全非了。

玄奘主张直译，恨不得达到让大家直接受教于佛陀，过于删减内容，玄奘是无法忍受的。此外，玄奘还有一个优势是历来译者无法企及的，那就是他对语言的掌握，他精通汉语和梵文，对印度地方语也有所涉猎，一人就可负起口译和笔受两项任务。所谓笔受，并不是说玄奘亲自写下来，而是说从梵文转到中文表达的心理思考。

专注译经

译场组织完成，译法也基本确立，玄奘就手持经文原本开始翻译。以玄奘的佛学与文字修养，庞大的翻译组织对于他来说，只不过是一套检验体系而已。

玄奘开始了第一本佛经的翻译，那就是《大菩萨藏经》。第一年，玄奘总共完成了三部经书的翻译。

　　远征高丽的太宗，在安市城与高丽军相持不下，太宗怕天气转寒对唐军不利，于九月间班师回朝。

　　贞观二十年（公元646年）七月，玄奘把完成的翻译作品及奉命编写的《大唐西域记》呈给太宗皇帝，这年的五月，玄奘开始了一项大工程，就是翻译他在那烂陀寺主修的《瑜伽师地论》。

　　因为玄奘的关系，大唐与印度的往来也开始频繁起来。先前戒日王派的使者很快就到了长安，太宗很高兴，立即派王玄策去回访。这个使团与玄奘在同一年返回长安。后来太宗又以王玄策为正使，率领着三十余人的使节团再度访印。使团临走前，太宗还请玄奘把使节团所携带的太宗敕书翻译成梵文。此外，玄奘还将《道德经》翻译成了梵文托使节团带走，那是鸠摩罗王曾通过第一次的使节团要求的。

　　贞观二十一年（公元647年）王玄策等人到达印度，戒日王已经去世，应验了玄奘当年梦中的预言。

　　玄奘在第二年译完了百卷的《瑜伽师地论》，完成了这部他最重视的著作，使他感到特别安慰。六月，太宗在离长安东北六百多里的玉华宫接见了玄奘。他仍然不放弃劝玄奘还俗，还建议他脱下袈裟，以在家修行的居士参与国政，也可在朝廷讲经弘法。玄奘为了断绝太宗的这个念头，说了一段很长的话来表明自己事佛的决心。玄奘说："汉武帝以后没有再出现制伏匈奴等北方游牧民族的时代，而汉武帝以后中国仍有无数贤臣良将出现，为什么他们无法辅佐国君平定北方？陛下登基后，远征匈奴，使各游牧民族俯首称臣，可见并非归功于贤臣，而要归因于陛下的智慧和天的旨意。"玄奘又进一步指出，即使现在为了治国而需要吸收人才，像商朝的伊尹、周朝的姜太公那种人才已多得是，也不在乎少他一个和尚。最后玄奘又说："我只愿弘扬佛法，请勿剥夺我的志节！"听了玄奘掷地有声的说辞，太宗无言以对，终于答应今后不会勉强他，并尽力协助完成他的心愿。

太宗又问玄奘最近翻译些什么经论，玄奘回答刚翻译完《瑜伽师地论》，并为太宗简要地讲解了一番，被太宗赞叹为闻所未闻的高论。太宗还应玄奘的请求，亲自为译经撰写了名为《大唐三藏圣教序》的序文，全文七百八十一字。这是一篇很有名的文章，文中太宗对玄奘推崇备至。后来弘福寺的沙门怀仁搜集了王羲之的书法而拼成《怀仁集王羲之书圣教序》，当时的名书法家褚遂良也亲自书写《圣教序》，这两篇文章很快就风行天下。

十月，玄奘和太宗一同回长安，奉命住在皇城内新建的弘法院，玄奘白天要随侍在太宗身边，晚上则继续自己的翻译工作。十二月，皇太子李治为其死去的母后建造的大慈恩寺落成，玄奘奉命把译场迁移到大慈恩寺，并在这里住了十年，所以他所创的法相宗又称为慈恩宗。

贞观二十三年（公元 649 年）四月，玄奘陪同太宗游幸长安南山上的翠微宫，太宗时不时地向玄奘请教佛教的教义，玄奘一一引经文作答，太宗很感慨地说："朕与大师相

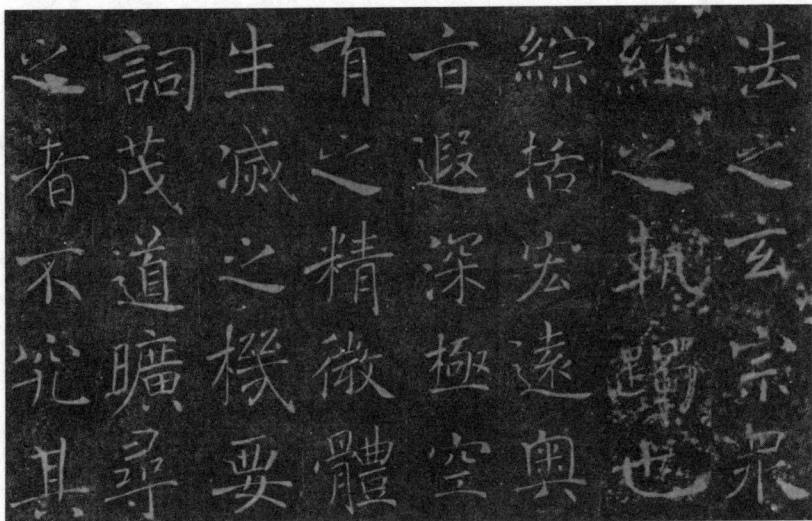

褚遂良书《圣教序》

逢甚晚，不得广兴佛事！"此言表示太宗对于没有大兴佛法而感到遗憾。

五月，太宗驾崩，在驾崩的前一天，他还特地要玄奘值夜。前一年，也许是受到玄奘的影响，唐太宗在京师和其他各地度僧一万八千多人。如果唐太宗能够多活几年，也许就会更大规模地提倡佛教了。

与命运赛跑

太宗驾崩后，玄奘回到大慈恩寺专心译经。他严格按照自己的计划进行工作：先拟订进度表，规定每天应完成的进度，白天如果有事耽误，那么就用晚上的时间做完。很多时候玄奘都深夜才睡觉，第二天天没亮就起床。先圈出当天要翻译的梵文原本，然后开始工作。除了译经，玄奘每天还要讲经，解答来自各地的学僧的疑惑。因为玄奘担任上座（僧人居最高位者，在住持之下，为一寺领袖），还要时常处理一些寺务，为皇室中人讲解佛经，回答他们的咨询。虽然杂务缠身，但玄奘从来不让这些事影响自己的译经工作，凡事他都能从容处理，不露半点倦容。玄奘还不忘劝导来访的王公卿相多行善事。他学养深厚，见识又广，讲解深入浅出，不令人厌烦，所以很受大家的爱戴。

向来注重未雨绸缪的玄奘，为了避免带回的典籍和佛像遗失或遭水火之灾，就在大慈恩寺的正门对面建造了一座塔，塔中存放着七年前所带回来的经像。开始的时候玄奘打算用石块来建塔，但高宗指示要改为砖造，因为石造的佛塔工程浩大，费时费力。这座塔高一百八十尺，是一座西域风格的塔。整个工程费时两年，玄奘在百忙中还曾亲自挑土搬砖。

这年五月，玄奘收到了印度来的问候信和礼物，一封是戒贤的得意门生智光写的；另一封来自精通小乘理论曾遭玄奘痛斥为谬论的慧天。玄奘写了回信让使者带回，玄奘之前从大唐的使团那得知了戒贤大师的死讯，他在信中表示了哀悼之意。

玄奘在大慈恩寺收了一位特殊的弟子，那就是来自日本的留学僧道昭。他是日本史上第二批，同时也是大化革新后的第一批遣唐使及学生（僧）之一，深受玄奘的赏识。道

大慈恩寺

昭很认真地跟玄奘学习，认为玄奘所倡的唯识学是很新的佛学思想。玄奘圆寂的第二年，在长安待了十二年的道昭带着大批经论回到了日本，在奈良建立法隆寺收徒授业，是第一个将玄奘的法相宗传到日本的人。另有智通、智达两位留学僧也受业于玄奘，他们对于法相宗在日本的传播也作出了一定的贡献。还有一些留学僧在玄奘那里学习，其中比较有名的是智周。

高宗显庆元年（公元 656 年）正月，武则天废太子忠，改立三岁的李弘为太子，为了庆祝，武则天在大慈恩寺置五千僧斋，给每位僧人布施布帛三匹。后来，武则天产期将近，她想请玄奘为她祈福，请求诸佛保佑她生产平安。玄奘说："圣体必然平安，生下的可能是皇子。"玄奘还请武则天准许这位皇子出生后剃度，武则天欣然答应。后来武则天果然产下皇子，封其为佛光王，由玄奘为他剃度，但孩子仍然留在宫中，这位皇子就是坎坷多难的唐中宗李哲。

在这次为皇子剃度之前，玄奘的风湿病又犯了，而且这次的发病尤其严重，玄奘痛苦难当，高宗特遣御医为他治疗，五天后才痊愈。为了让玄奘能够更好地养病，皇帝干脆把他接到宫中住，玄奘就在宫中继续他的译经工作，佛光王李哲就在他住所附近的宫里长大。

公元 659 年，武则天与高宗迁居东都洛阳。玄奘跟随高宗到洛阳，顺便回到自己的家乡陈河村去看一看，一别几十载，玄奘发现除了一位姐姐外，其余亲朋好友都已去世，就连祖坟也荒芜了，玄奘立刻奏请高宗要改葬其父母，高宗立即批准，并答应一切费用由官方承担。

回到故乡，玄奘就不由得想起了少林寺，玄奘觉得那里是个安度余生的好地方，这个已有一个半世纪历史的寺庙让他觉得很亲切和安详。于是玄奘又上表请求，希望能够准他退隐少林，玄奘认为佛弟子要断绝烦恼，必须要"定"与"慧"相互配合，二者缺一不可。他一辈子求法读经是属慧的功夫，而定的功夫则要靠隐居山林、静坐禅定来实现。玄奘自认慧的功夫他已经尽了心力，只希望能够在剩下的日子里得到修定的机会。不料玄奘的请求遭到高宗的拒绝，玄奘只得次年随高宗再回长安。这年，高宗为皇太子所建西明寺落成，玄奘离开大慈恩寺，奉命为西明寺上座。

虽然被帝王所重视，但玄奘始终不改俭朴的生活作风，他曾对弟子说过："我若无常后，请一切从简，只要用粗陋的竹席子把我包起来，找个偏僻的山涧谷底埋了就算了。"

玄奘感到生命的终结在一天天地迫近。当时，有很多人向玄奘反映，那部被看做大乘教根本经典的《大般若经》的译本很不完善，纷纷建议玄奘加以重译。玄奘觉得这是相当有意义的工作，但是那时他的身体状况已经不太好了，而《大般若经》有二十万颂，六百卷之多。玄奘心中很是着急，京城里让他分心的杂事太多，玄奘当即上表请求把译场转移到长安东北方六百余里的玉华寺。玉华寺就是当年的玉华宫，太宗驾崩后改为寺。那时大唐的政治中心已开始向东都洛阳转移，玄奘的请求终于获得批准，十月，译场就被搬到了玉华寺，第二年年初，玄奘又开始了翻译工作。

完成了如此巨大的一部经典的翻译工作，玄奘感到筋疲力尽，有一天，他若有所感地集合弟子，对他们说："由于《大般若经》的因缘，我来到玉华寺，现在这项工作完成，我的生涯也要结束了。"弟子们听了他的话都忍不住哭泣起来。门徒强忍悲痛地说："和尚气力尚可，跟以前并没两样，为什么突然说这种话？"（和尚，起初是对能教人戒、定、慧之学的僧侣的尊称，后来成了僧侣之通称。）玄奘说："我的身体怎样我心中有数，你们不会明白。"玄奘又抓紧时间翻译那些未翻译完的佛经。

大师圆寂

僧侣们为了激起玄奘的求生意志，都来要求他开始翻译另一部一百二十卷的《大宝积经》，玄奘叹了口气，说："我已经没有足够的气力，翻不完的！"无奈众人一再恳求，玄

玄奘灵骨塔

奘只好勉强翻译了数行，便感到气力不支，只好停笔。他对大家说："《大宝积经》与《大般若经》部头差不多，我气力不济，死期将至，再也无法将它翻译出来了，只好等待后人翻译了。"众人莫不为他的话伤心落泪。

正月初九的傍晚，玄奘在跨过一条水沟时不慎跌了一跤，最初几天还没什么严重的症状，但是从十三日开始，玄奘就倒卧在床，脑筋也不太清醒。蒙眬中玄奘梦见许多穿锦衣的人在玉华寺出出进进，玉华寺也被各种锦花和珠宝装饰得美轮美奂，有人带来了各种水果珍味来供养他。他想婉言拒绝，不料被旁边照料之人的咳嗽声惊醒，才明白那是一场梦。玄奘命人把译好的经论列出来进行统计，他翻译和主持翻译的经典总共有七十四部一千三百三十五卷。

正月二十三日，玄奘挣扎着坐起来诵念经文。到了二月初四的夜里，相传服侍他的明岁法师看见两个手捧白莲花的人走到玄奘面前，玄奘回头看了一看，就双手合十，默默祷告，然后身体向右侧卧，以右手垫住头部，左手放在左大腿上，两脚相叠。玄奘就一直保持着这个姿势，再也没有翻身。初五的夜里，玄奘呼吸逐渐变得微弱，不久就圆寂了。据说

154

玄奘死时面带微笑，表情安详，他的遗体停放了七十七天，却没发出任何腐臭味。

四月十四日，玄奘的遗体被葬在长安东郊，浐水之东的白鹿原，他的哥哥长捷法师就葬在附近。遵照玄奘的遗言，灵柩用粗陋的竹席子编成的车运到坟地，送葬的人多达百万，在长安城外连绵不断，葬礼完毕后留下来过夜守坟的达三万人之多。

玄奘虽然离开了这个人世，但他的伟大成就和超乎常人的坚强意志却与日月同光，永垂不朽。而他历尽无数艰难，跋涉西域，遍游印度的事迹，在那样一个时代无疑是一种壮举。玄奘圆寂三个世纪后，成书于北宋时期的《太平广记》就有将其事迹神化的记载。南宋时期更是出现了名叫《大唐三藏取经诗话》的唱本，在这个唱本的基础上，元朝又出现了名为《唐三藏西天取经》的杂剧，最后明朝中叶的小说家吴承恩凭借着丰富的想象力，将其创作成为了不朽的名著《西游记》。

唐太宗曾赞扬玄奘是"只千古而无对"。的确，纵观玄奘的一生，他以无比的热情和坚强的意志去追求人生的真谛，这种为了实现理想而坚持不懈的精神足以照耀千古。而他对佛教的传播和古代的中印文化交流的贡献也是十分突出的。